W0045336

Annette Schavan (Hg.)

Die hohe Kunst der Politik

Annette Schavan (Hg.)

Die hohe Kunst der Politik

Die Ära Angela Merkel

HERDER

FREIBURG · BASEL · WIEN

Satz: Daniel Förster, Belgern
Herstellung: GGP Media GmbH, Pößneck

Printed in Germany

ISBN Print: 978-3-451-39086-9
ISBN E-Book (E-Pub): 978-3-451-82578-1
ISBN E-Book (E-Pdf): 978-3-451-82574-3

Inhalt

II. Unsere Demokratie sichern 77

III. Die Dinge zum Guten verändern

Vorwort

Es dauert eine Weile, bis eine Ära historisch beschrieben werden kann.

Das gilt auch für jene Ära, die Angela Merkel als Kanzlerin der Bundesrepublik Deutschland geprägt hat. Dazu ist ein genaues Studium von Ereignissen und Entwicklungen sowie Dokumenten und Reden notwendig. Dazu wird in Zukunft geforscht, diskutiert und publiziert werden. Jetzt sind zunächst Eindrücke und Erfahrungen aus diesen 16 Jahren präsent. Darum geht es in diesem Buch. Es ist multiperspektivisch angelegt, nimmt internationale Blicke auf und nähert sich der hohen Kunst der Politik aus höchst verschiedenen Welten.

Angela Merkel steht ähnlich lange an der Spitze von Bundesregierungen wie Konrad Adenauer und Helmut Kohl. Mit ihr gerät die Zeit nach der Wiedervereinigung Deutschlands und Europas in den Blick. Es ist eine Zeit, die von umfassenden Transformationen im Land, in Europa und international geprägt ist. Es ist, wie in diesem Buch an mehreren Stellen beschrieben wird, auch eine Ära, in der es große internationale Krisen zu bewältigen gilt. Gleich mehrfach bestimmen existenziell bedrohliche Gefahren den globalen politischen Alltag. Zuletzt ist es die Zeit der Pandemie, die deutlich macht, wie sehr in der internationalen Gemeinschaft jedes Land betroffen ist und alle aufeinander verwiesen sind.

Die Bundeskanzlerin warb in allen Jahren ihrer Kanzlerinnenschaft für Multilateralismus und für den Respekt voreinander, der dafür eine unverzichtbare Voraussetzung ist.

In diesem Buch kommen zentrale politische Themen aus diesen 16 Jahren ebenso vor wie persönliche Erfahrungsberichte zur Zusammenarbeit mit Angela Merkel und nicht zuletzt Beobachtungen über ihre Kunst der Politik sowie ihre damit verbundenen Haltungen und Prioritäten.

Erzählerisch, analytisch, politisch, eindringlich, persönlich – so sind die Blicke auf Angela Merkel in den Texten dieses Buches, für die ich allen Autorinnen und Autoren sehr danke. Die Reihenfolge der Texte ist weder hierarchisch noch alphabetisch angelegt. Sie entspricht einer eher intuitiven Entscheidung, wie sich aus den 28 Texten eine Erzählung entwickeln kann, aus der ein Bild des Menschen und der Politikerin Angela Merkel entsteht und eine Vorstellung von dem, was die Ära geprägt hat.

Dankeschön sage ich allen Autorinnen und Autoren auch dafür, dass anstelle von Honoraren ein Teil der Erlöse des Buches dem Förderverein Kirchlein im Grünen in Alt Placht (Uckermark) sowie der Gemeinschaft Sant'Egidio in Rom zugutekommen wird.

Papst Franziskus gibt dem Buch mit seinem Geleitwort einen bedeutsamen Impuls. In den wenigen Zeilen steckt eine Art Quintessenz dessen, was beide zutiefst beschäftigt hat und in ihren zahlreichen Begegnungen prioritär behandelt wurde.

Patrick Oelze war ein inspirierender Lektor, dem ich ebenso herzlich danke wie dem Verlag für die Idee zu diesem Buch.

Ulm im Juni 2021   Annette Schavan

Die Welt ist im Wandel und viele Herausforderungen brauchen neue Antworten.

Da es immer um den Menschen und um Gottes Schöpfung geht, gilt dies für die Kirche und die Weltgemeinschaft. Politik muss diese Transformationsprozesse gestalten: Klimawandel, Ressourcenverteilung, Bildungsgerechtigkeit und Zugang zur Gesundheitsfürsorge sind nur einige Beispiele. Bisher gültige Leitvorstellungen werden deshalb auf ihre Tragfähigkeit geprüft. Es ist evident, dass es dazu ein Mehr an Gerechtigkeit und Solidarität mit den Armen und mit allen Menschen an der Peripherie braucht – also mehr Weltgemeinschaft notwendig ist.

Angela Merkel hat früh ihre Stimme erhoben und leidenschaftlich für mehr Miteinander geworben. Ihr Wort hat international Gewicht. Ihre Politik ist gut für Deutschland und für die globale Welt. Die Bundeskanzlerin steht für eine menschenfreundliche und zukunftsfähige Politik, für persönliche Glaubwürdigkeit und für Leadership im besten Sinn. Ich danke Angela Merkel für ihren Dienst und ihr Zeugnis.

Franziskus

Città del Vaticano, 30. Juni 2021

Politik ist eine hohe Kunst: Eine Einführung

Von Annette Schavan

Alles hat seine Zeit

Angela Merkel hat entschieden, nach 16 Amtsjahren als Bundeskanzlerin der Bundesrepublik Deutschland und nach über 30 Jahren politischen Wirkens nicht mehr zu kandidieren. Sie verlässt die politische Bühne selbstbestimmt und selbstbewusst.

Schon das ist ein Novum. Bundeskanzler werden abgewählt. So war das immer. Nun also ist es anders. Das ist Ausdruck einer inneren Unabhängigkeit, die bei ihr auch nach drei Jahrzehnten in der Politik nicht kleiner geworden ist. Angela Merkel findet Abhängigkeiten – auch von Ämtern – nicht hilfreich.

Sie beschneiden die Kraft, das Notwendige zur richtigen Zeit zu tun. Sie führen zu falschen Entscheidungen aus Gründen einer eingeschränkten Sichtweise. Sie verengen Sichtweisen.

Angela Merkel hat die Haltung, selbstbestimmt politisch tätig zu sein, nicht erst im Laufe der Jahre entwickelt. Es lohnt sich, dazu das Interview anzuschauen, das der Journalist Günter Gaus 1991 – vor genau 30 Jahren also – mit der damaligen Frauen- und Jugendministerin Angela Merkel geführt hat. Sie ahnt damals, dass Politik ein Leben stark verändert und in Beschlag nimmt. Sie nimmt nicht für sich in Anspruch, dass das bei ihr anders sein wird. Gleichwohl wird klar, sie wird beobachten, was sich da verändert, und sie will sich nicht von ihrem eigenen Leben wegführen lassen. Sie will die wirklich wichtigen Dinge im Blick behalten, und dazu gehört die Situation von Anfang und Ende, von Start und Abschluss. Alles hat seine Zeit, und die will erkannt sein.

Am Anfang steht der Widerstand

Zum Start in eine Kanzlerschaft gehören Widerstände. Sie beginnen in den eigenen Reihen und sind nicht leicht zu überwinden. Diese Erfahrung teilt Angela Merkel mit ihren Vorgängern. Die Erfahrung, von allen gewollt zu werden, kommt eher selten vor. Sie kennzeichnet bislang eher kurze Zeiträume, in denen alle jubeln, um dann recht bald zu verstummen. Lange Amtszeiten beginnen mit Zweifeln auf allen Seiten. Das war bei Helmut Kohl nicht anders als bei Angela Merkel – aus unterschiedlichen Gründen.

Bei Angela Merkel war es so: Zunächst musste sie dem CSU-Vorsitzenden Edmund Stoiber den Vortritt lassen. Das erwarteten vor allem die Ministerpräsidenten der CDU. Unter ihnen waren damals einige, die sich das Amt des Bundeskanzlers auch als ihren Arbeitsplatz hätten vorstellen können. Wenn schon nicht sie selbst, dann sollte wenigstens einer der ihren Bundeskanzler werden. Angela Merkel jedenfalls, davon waren sie überzeugt, kann es auf keinen Fall. Sie trat daraufhin einen Schritt zurück, um dann vier Jahre später zwei Schritte nach vorn zu gehen. Auch das war nicht unumstritten. Deutschland war in einer schlechten Verfassung. Europa war es auch. Und nun sollte Angela Merkel als Regierungschefin die dringend notwendigen Entscheidungen zu mehr Stabilität und mehr Internationalität der größten Volkswirtschaft in Europa finden? Ihre innerparteilichen Gegner und Skeptiker beruhigten sich damit, dass ihre Kanzlerschaft eine Episode bleiben werde. Nach einer kleinen Weile könne dann wieder zum erfolgreichen und bewährten Alltag von CDU und CSU zurückgekehrt werden.

So war das damals. Die CDU war bereits im Jahr 2000 mit Angela Merkel als ihrer Vorsitzenden in eine Ära gestartet, die auch die Partei stark verändern sollte. Die Bereitschaft zu umfassender Veränderung erwies sich mehr und mehr als der Weg, Volkspartei zu bleiben im größer werdenden Spektrum politischer Kräfte und Parteien. Reformen wurden angestoßen, die noch wenige Jahre vorher schwer vorstellbar gewesen wären.

Vor allem bei den Reformdebatten zu innenpolitischen Themen erwies sich die hohe Integrationskraft von Angela Merkel als Schlüssel. Das zeigte die frühe Debatte über eine Weiterentwicklung der Familienpolitik besonders klar.

Die Überraschung der Freiheit

Biografien prägen Politik. In der Generation der Politikerinnen und Politiker der jungen Bundesrepublik waren es die biografischen Erfahrungen von Kriegs- und Nachkriegszeit, die als handlungsleitende Impulse für politische Prioritäten, für Entscheidungen und auch für das politische Selbstverständnis handelnder Personen genannt wurden. Eine andere politisch besonders prägende Zeit sind im Westen Deutschlands die sogenannten 68er Jahre. Auch damit sind biografische Erfahrungen verbunden, die politisch relevant waren für die Motive der Generation, die damals jung gewesen ist.

Mit der Ära Merkel rückt das für Deutschland und Europa zentrale Ereignis der Wiedervereinigung in den Blick. Es gab die mutigen Bürgerinnen und Bürger, die sich in der damaligen DDR und in den mittel- und osteuropäischen Ländern über ein Jahrzehnt für den Fall der Mauer und für die Freiheit engagiert hatten. Es gab die Geistesgegenwart von politisch Handelnden.

Es war ein Ereignis von historischer Dimension. Eine friedliche Revolution, die nicht vorhersehbar gewesen war, veränderte Deutschland und Europa. Manche hatten sie noch kurz vorher für unmöglich gehalten. Diese friedliche Revolution veränderte auch das Leben der damals 35-jährigen jungen Physikerin, die 15 Jahre später Kanzlerin der Bundesrepublik Deutschland werden sollte.

Angela Merkel sagte in ihrer ersten Regierungserklärung am 30. November 2005: »Die größte Überraschung meines Lebens ist die Freiheit. Mit vielem habe ich gerechnet, aber nicht mit dem Geschenk der Freiheit vor meinem Rentenalter.« So beschreibt sie einen Schlüssel für ihr politisches Selbstverständnis, ihre politischen Prioritäten und ihren politischen Stil. Sie nannte ihre erste große

Koalition eine »Koalition der neuen Möglichkeiten«. Sie hat in den 16 Jahren als Bundeskanzlerin stets dafür geworben, neue Wege, neue Impulse und neue Lösungsansätze nicht vorschnell auszuschließen oder schlechtzureden. Regierungskunst heißt für sie, sich – zumal in den anspruchsvollen Zeiten der Transformation – dem Wandel nicht entgegenzustellen, vielmehr um Vertrauen für die Veränderungen zu werben, die notwendig sind, und ebenso für die Chancen, die darin stecken. Sie hält daran fest, dass das Geschenk der Freiheit für Millionen Menschen in Europa einen pfleglichen Umgang mit ebendieser Freiheit braucht und sich die Ignoranz gegenüber jenen verbietet, denen die Freiheit immer noch vorenthalten wird. Die Freiheit, von der Angela Merkel redet und für die sie arbeitet, ist eine Freiheit in Verantwortung. Die Erfahrungen mit den globalen Prozessen der Transformation haben ihr und unserer Generation insgesamt auch klargemacht, dass der Erhalt der Freiheit und ihre Stärkung nicht gleichbedeutend mit einer ausufernden Individualisierung sind, die das Gemeinwesen schwächt.

Angela Merkel hat der Freiheit in der Gesellschaftspolitik in Deutschland und in allen internationalen Beziehungen einen hohen Stellenwert gegeben. Die Würde des Menschen, seine Freiheit und seine grundlegenden Rechte sind für sie nicht verhandelbar. Ihre internationalen Gesprächspartner wussten das.

Ronald Lauder, der Präsident des World Jewish Congress, hat 2019 in einer Laudatio anlässlich der Verleihung des Theodor-Herzl-Preises an Angela Merkel in München gesagt, sie sei eine »Hüterin der Zivilisation«. Das ist international als Signatur der Ära Merkel wahrgenommen worden.

Der Umgang mit globalen Krisen

Die Kunst der Politik wird immer häufiger von unvorhersehbaren Entwicklungen bestimmt und gefordert. Es ist müßig zu fragen, ob das früher anders gewesen ist. Offenkundig haben sich gravierende weltweite Krisen in den vier Amtszeiten der Bundeskanzlerin Angela

Merkel auf die politischen Prioritäten ausgewirkt. Es waren mehre-re, aufeinanderfolgende Krisen, und sie waren mit großen und existenziellen Gefahren verbunden. Kaum schien eine Krise überwunden, da bahnte sich eine weitere an. In Krisenzeiten zeigt sich wie im Brennglas, ob Regierungen Vertrauen in ihren Ländern und international genießen. Wer kann wem trauen? Worauf ist Verlass in einer Bedrohungssituation?

Die internationale Finanzkrise im Jahr 2008 ist ein gutes Beispiel dafür. Neben den konkreten politischen Strategien ging es auch um Vertrauen. Die Deutschen hatten angesichts der Krise um die Hypo Real Estate und deren milliardenschwere Rettung Angst um ihre Ersparnisse. Angela Merkel und ihr damaliger Finanzminister Peer Steinbrück gaben am 5. Oktober 2008 ein öffentliches Versprechen ab. »Wir sagen den Sparerinnen und Sparern, dass ihre Einlagen sicher sind.« Das war im dritten Jahr ihrer Kanzlerinnenschaft und führte zu dem Vertrauen, das in dieser schwierigen Lage notwendig war.

Das Anforderungsprofil an die Akteure der Politik wird zunehmend davon bestimmt sein, ob und wie es ihnen gelingt, mit Krisen umzugehen, die politische Erdbeben auslösen.

In solchen Zeiten werden Haltungen erkennbar, auch Quellen, aus denen die Akteure schöpfen, und ganz besonders die grundlegende Motivation zur Politik. In mehreren Beiträgen des Buches wird an den Satz von Angela Merkel erinnert: »Ich will Deutschland dienen.«

Wie kein anderer Satz bringt diese Feststellung ihr Selbstverständnis in all den Jahren ihres politischen Wirkens zum Ausdruck.

Der andere Satz von Angela Merkel zum Ausgang der Krisenzeiten formulierte zugleich ihren Anspruch an sich und ihre Regierung: Stärker aus der Krise kommen als man hineingegangen ist. Gerade in Zeiten der Zuspitzung zeigte sich übrigens, dass Angela Merkel bei wortreichen Erklärungen eher nervös wird. Die Regierungsmitglieder und auch die Ministerien mussten lernen, dass im Sinne einer höchsten Konzentration politische Schnörkel verpönt waren.

Der Blick auf die Krisen und die Konsequenzen für den politischen Alltag sind schließlich in ihren Auswirkungen für die Parteien und ihr Selbstverständnis nicht zu unterschätzen. Angela Merkel hat als Vorsitzende der CDU Deutschlands mit der Einführung von Regionalkonferenzen ein neues Forum in der Fläche geschaffen, das dem erhöhten Gesprächsbedarf in der Partei Rechnung tragen sollte. Diese Konferenzen haben ihr vor allem die Gelegenheit gegeben, in die Partei »hineinzuhören«. Krisenbewältigung einerseits und die Reformen in 16 Regierungsjahren andererseits sind für CDU und CSU anspruchsvoll und fordernd gewesen. Die politische Agenda, die sich für die nächste Dekade andeutet, zeigt schon jetzt, dass niemand glauben darf, es werde wieder einfacher werden.

Es ist mehr möglich

»Gehe ins Offene« ist eine Widmung, die Michael Schindhelm Angela Merkel im Herbst 1989 in ein Buch schreibt, das er ihr schenkt. In ihrer Rede zum Tag der Deutschen Einheit am 3. Oktober 2006 spricht sie darüber.

Sie beschreibt die Aufbruchstimmung dieser Zeit nach dem Mauerfall, auch ihren eigenen Aufbruch. Im Westen haben sich manche eher zögerlich daran beteiligt. Kann der Westen vom Osten etwas lernen, das über die Erzählungen von Biografien hinausgeht? Es war eine Zeit des Aufbruchs für die einen und zugleich der Verunsicherung für andere – in Ost und West gleichermaßen. Wem eine offene Zukunft eine Verheißung ist, der konnte nun getrost aufbrechen. Angela Merkel beschreibt ihren Aufbruch in dieser Rede, die ihre erste Rede als Bundeskanzlerin zum 3. Oktober war. Sie plädiert dafür, immer wieder die Chancen zu entdecken, die in Deutschland liegen.

Angela Merkel ist in ihren Regierungsjahren stark von Krisen beansprucht. Die Zuversicht der ersten Tage hat sie dennoch nie verlassen. Sie ist davon überzeugt, dass zu allen Zeiten mehr möglich ist, als wir uns vorstellen können. Sie wirbt für ein Verständnis von Politik, das die Suche nach den bislang unentdeckten Möglichkeiten nicht aufgibt. Es soll mehr ermöglicht und nicht vor allem verhindert werden – so ist ihre Erwartung an Ministerien und die öffentliche Verwaltung generell. Damit trifft sie einen Nerv der bundesrepublikanischen Gesellschaft, die das einerseits möchte und andererseits von Zweifeln geplagt ist, ob es denn gut gehen könne, wenn nicht mehr alles in den bisherigen Strukturen organisiert ist. Die Zeit der Pandemie wirkt in den letzten 18 Monaten der Ära Merkel klärend im Blick auf Stärken und Schwächen auf allen Ebenen der öffentlichen Organisation und Verwaltung und ist deshalb eine gute Erfahrung und Quelle für Veränderungen. Wer trotz ständiger Krisenbewältigung seine Zuversicht nicht verliert, schöpft aus einer verlässlichen Quelle.

Das Christentum und Angela Merkels Überzeugungen

Angela Merkel ist die älteste Tochter des evangelischen Pfarrers Horst Kasner und seiner Frau Herlind, einer Pädagogin, die bis zu ihrem Tod im Jahr 2019 im Alter von 90 Jahren Kurse in Englisch, Latein und Griechisch gegeben hat. Horst Kasner zog mit seiner Familie kurz nach der Geburt der Tochter Angela vom Westen in den Osten, wirkte viele Jahre in der Seelsorge für Menschen mit Behinderungen, bildete junge Pfarrer aus und baute später eine kleine Kirche mitten im Wald nahe Templin wieder auf. Dort war er bis zu seinem Tod im Jahre 2011 seelsorgerisch tätig. Er ist mit mir einen Nachmittag in Alt Placht gewesen, hat mir die kleine Kirche gezeigt und erklärt. Vor allem hat er mir eingehend sein Konzept von Seelsorge erläutert. Er war ein anspruchsvoller und fordernder Gesprächspartner und Pfarrer. Er mochte in der Seelsorge »keine halben Sachen« und erzählte, wie er Menschen begleitet, die ihn um ihre Trauung oder die Taufe der Kinder bitten. Es waren Menschen auf der Suche und ohne Erfahrungen mit Kirche und Christentum. Er half ihnen, für sich Prioritäten zu finden, Bibelworte zu entdecken, die fortan für sie wichtig sein könnten, und begleitete sie ebenso behutsam wie klar.

Worüber er mir erzählte, erscheint mir heute immer mehr als prophetische Rede über eine Seelsorge der Zukunft in Deutschland und Europa. Ohne jede Frage haben die Erfahrungen, die Angela Merkel in diesem Pfarrhaus auf dem Waldhof in Templin in ihrer Kindheit und Jugend gemacht hat, sie ebenso stark geprägt wie das Verständnis ihres Vaters in der Seelsorge, das von verständnisvoller Behutsamkeit und fordernder Klarheit gleichermaßen geprägt war – wenn ich ihn richtig verstanden habe. Die kleine Kirche in Alt Placht ist ihr persönlicher Kirchort.

Ihre Erfahrungen mit dem Christentum und ihr Leben als glaubender Mensch sind eine wichtige Quelle für sie. Damit legitimiert man – in ihrem Verständnis – nicht persönliches oder gar politisches Handeln und Entscheiden. Diese Quelle fordert aber heraus, schafft Vertrauen und verhilft zu Klärung und Klarheit.

Angela Merkel hat die Widmung von Michael Schindhelm 1989 als eine große Ermutigung empfunden. Sie konnte Verbindungen zu ihren Erfahrungen und Überzeugungen als evangelische Christin herstellen, und sie hat damit in zentralen Situationen ihres politischen Lebens Prioritäten verbunden. Die Ermutigung: »Wir schaffen das« in schwierigsten Tagen war so eine Situation, die in mehreren Beiträgen dieses Buches in Erinnerung gerufen wird.

Ein neuer Ton

Bei vielen Kommentatoren herrscht Konsens darüber, dass Angela Merkel nicht mit großer Rhetorik regiere. Am 18. März 2020 hält sie eine Rede, die sie mit einer eindringlichen Passage abschließt: »Es ist ernst. Nehmen Sie es auch ernst.«

Diese erste Fernsehansprache der Bundeskanzlerin an die Bürgerinnen und Bürger zur Coronalage wird von der Universität Tübingen zur »Rede des Jahres« gewählt. Der Ton, die Eindringlichkeit und Empathie dieser Rede werden weit über ihre Amtszeit hinaus wirken. Irgendwann in dieser Zeit erläutert Angela Merkel bei einer Pressekonferenz auch das exponentielle Wachstum. Das wird eine

filmreife Szene, die in jeder Schule eingesetzt werden kann. Den
neuen Ton gibt es nicht erst in der Ansprache am 18. März 2020.
Jetzt aber wird der neue Ton wohl auch deshalb als so herausragend
wahrgenommen, weil eine große Verunsicherung um sich greift. Wir
waren eigentlich davon überzeugt, im Griff zu haben, was eine Gesellschaft im Griff haben sollte. Nun aber ist es ganz anders. Das hat
das Lebensgefühl vieler Menschen nachhaltig verändert und einen
bislang kaum gekannten Ernst in unsere Gesellschaft und auch in
die politischen Debatten gebracht.

Die Zeit der Pandemie ist für die Bundeskanzlerin wie für alle
politischen Akteure ein andauernder Ausnahmezustand – mit Hö-
hen und Tiefen. Wer in Berlin dabei ist und sich regelmäßig Notizen
macht, der kann auch gleich eine Reformagenda für die nächste Dekade in mehreren Politikfeldern aufschreiben.

Die Zeit der Pandemie hat – wie keine Zeit zuvor – den Blick
geschärft für Stärken und Schwächen. Sie hat möglicherweise auch
dem neuen Ton, den Angela Merkel in die Politik gebracht hat, eine
andere und stärkere Wahrnehmung verschafft.

Die hohe Kunst

Der Titel dieses Buches hat mit einer Begegnung zu tun. Es war
im Dezember 2020, wenige Tage nach der Sitzung des EU-Rates in
Brüssel. Angela Merkel und ich trafen uns in Berlin.

Ich erzählte schmunzelnd, die Pressekonferenz nach der Sitzung des EU-Rates habe einen guten Eindruck von dem Ausmaß an
Schwierigkeiten bei dieser Sitzung gegeben – durch ihren Hinweis
darauf, dass es sich gelohnt habe, nicht ins Bett zu gehen. Daraufhin sagte Angela Merkel: »Das war hohe Kunst der Politik.« Damit
war der Titel für dieses Buch gefunden. Er passt zur Ära Merkel aus
vielen Gründen. Nachtsitzungen hat es in den 16 Jahren viele gegeben. Sie waren nicht alle erfolgreich. Bei vielen Gelegenheiten war es
dennoch die einzige Chance, zu einer tragfähigen Entscheidung zu
kommen. Angela Merkel ist davon überzeugt, dass in schwierigsten

Situationen alle Anstrengungen darauf zu richten sind, keine Lösungsmöglichkeit unbeachtet zu lassen. Sitzungsunterbrechungen bergen die Gefahr, wieder von vorn zu beginnen. Lösungen bahnen sich erst an, wenn die Phase von Sieger und Besiegten überwunden ist.

Wer über Angela Merkel spricht, erinnert oft daran, dass sie den Anspruch hat, gutes Handwerk zu liefern. Auf die Frage, was sie an Deutschland schätzt, nennt sie die Fenster, die bei uns so schön dicht sind. Darüber kann man schmunzeln. Es wird ja aber gerade in der Politik so offenkundig, was schlechtes Handwerk alles anrichten kann. Schlechte Reden, schlechte Gesetze, schlechte Verwaltung, Verhinderer statt Ermöglicher richten enormen Schaden an. Gutes Handwerk ist aber nicht die Alternative zu hoher Kunst. Andersherum gilt: Hohe Kunst braucht gutes Handwerk. Werfe nur jemand einen Blick auf die Werke von Michelangelo oder höre Sonaten von Johann Sebastian Bach.

Durch die Ära Angela Merkel zieht sich wie ein roter Faden die Überzeugung: Politik ist kein Spiel und keine Show. Sie eignet sich nicht für den kurzen Effekt und den lauten Knall. Sie braucht gutes Handwerk, großen Ernst und viel Askese. Sie ist eine hohe Kunst.

I.

»Europa nicht
auseinanderbrechen lassen,
die Deutschen und Europäer
zusammenhalten:
Das ist, denke ich,
der moralische Imperativ,
den sich Angela Merkel
während ihrer Jahre im
Kanzleramt gesetzt hat.«

EMMANUEL MACRON

Führungsqualitäten für Generationen

Von Ellen Johnson Sirleaf

Nachdem ich 2005 demokratisch gewählt worden war, übernahm ich im Januar 2006 die Präsidentschaft von Liberia. Ich erbte eine zerrissene Nation und eine kollabierte Wirtschaft. Liberias Infrastruktur war zerstört und die Institutionen funktionierten nicht mehr. Zwei Jahrzehnte Bürgerkriege und eine lange Geschichte der Spaltung zwischen der einheimischen Bevölkerung und den aus den Vereinigten Staaten repatriierten Men of Color waren der Grund für diese Zustände und hatten dazu geführt, dass Liberia trotz reichlich vorhandener natürlicher Ressourcen zu einem der ärmsten Länder der Welt geworden war. Meine Regierung sah sich einer Nation von kriegsmüden Menschen, ungebildeten Jugendlichen und verängstigten Frauen und Kindern gegenüber; einer Nation, die weitgehend von einem Gefühl der Verzweiflung übermannt war und nur wenig Hoffnung auf eine friedliche und wohlhabende Zukunft hatte.

Ich war mir bewusst, dass es für meine Aufgabe – die Aufgabe einer Präsidentin – keine »Gebrauchsanweisung« gab. Ich hatte kein Handbuch, das ich befolgen konnte, keine Schritt-für-Schritt-Anleitung, wie man Macht gerecht, fair und ethisch ausübt. Und doch hatten Millionen von Liberianern im In- und Ausland höchste Erwartungen an mich, dass ich neue Maßstäbe setzen und das Fundament für ein neues, friedliches und wohlhabendes Liberia legen würde. Meine Wahl hat inmitten der Hoffnungslosigkeit unter den Liberianern und internationalen Freunden Liberias Hoffnung geweckt.

Obwohl ich kein Handbuch hatte, hatte ich eine Vision. Liberia sollte bis Ende 2030 zu einem Land mit mittlerem Einkommen aufsteigen. Auf diese Vision habe ich mich konzentriert. Ich hatte mir auch eine Mission für meine Regierung gesetzt, nämlich Liberias Respekt, Ansehen und Glaubwürdigkeit in der internationalen Gemeinschaft wiederherzustellen.

Der erste Schritt zur Verwirklichung dieser Vision bestand darin, die zusammengebrochene Wirtschaft wieder in Gang zu bringen und ein positives, integratives Wachstum zu erzielen. Dies erforderte unter anderem die Reaktivierung der wichtigsten, großangelegten Konzessionsgeschäfte sowie die Wiederherstellung der bilateralen und multilateralen Beziehungen des Landes. Diesem Ziel stand eine außerordentliche Verschuldung von schätzungsweise 4,8 Milliarden US-Dollar im Weg. Wir mussten das Land von dieser untragbaren Bürde befreien, um mit der Umsetzung der Vision und der Mission beginnen zu können und um privates Kapital und ausländische Investitionen zur Schaffung von Arbeitsplätzen anzuziehen.

Im Jahr 2006, fast unmittelbar nach Übernahme der Regierungsgeschäfte, beriefen wir eine zweitägige Geberkonferenz ein, um ein größeres Treffen in Washington, D.C., vorzubereiten. Und im Februar 2007 konnten wir dann das Liberias Partners Forum, eine internationale Geberkonferenz am Hauptsitz der Weltbank in Washington, D.C., einberufen.

Mehr als 20 Länder, multilaterale Organisationen und Nichtregierungsgruppen nahmen daran teil. Zwei befreundete Länder und bilaterale Partner spielten dabei eine wichtige Rolle: die Vereinigten Staaten von Amerika, Liberias historische Schirmherren und Partner, und die Bundesrepublik Deutschland, ein Land, das seit Langem historische und bilaterale Beziehungen zu Liberia unterhält und es in seiner Entwicklung unterstützt.

Das Treffen erreichte sein Ziel; ein Verzicht auf Auslandsschulden in Höhe von 4,7 Milliarden US-Dollar. US-Außenministerin Condoleeza Rice kündigte an, dass »die Vereinigten Staaten Liberia die Schulden erlassen werden – und zwar alle«. Dies gab den Ton an. Bundeskanzlerin Merkel, die nicht anwesend war, war im Saal zu spüren, als Deutschland an der Spitze aller anderen Länder Schuldenerlasse und Unterstützung für meine Regierung und Liberia ankündigte.

Angela ist meine »Heldin«. Ich habe ihren Weg als Führungspersönlichkeit seit ihrem Aufstieg nach dem Fall der Berliner Mauer und ihrem Eintritt in den Dienst der deutschen Regierung verfolgt. Ihre Führung Deutschlands inmitten wirtschaftlicher und politischer Herausforderungen – zu Hause, in Europa und in der Welt – inspiriert mich und viele andere Frauen und weibliche Führungskräfte auf der ganzen Welt. Ich erinnere mich gerne an einige persönliche Erlebnisse, Gedanken und Ereignisse, bei denen ich Bundeskanzlerin Merkels untrügliches diplomatisches Geschick, ihre Fähigkeit zur Konsensbildung, ihre Entschlossenheit im Handeln und ihr scharfes Gedächtnis bewundern konnte.

Am 7. Oktober 2007 besuchte Bundeskanzlerin Merkel Liberia. Dies war ein denkwürdiger Höhepunkt für mich und für Liberia. Das verwüstete Land war eines von nur dreien auf ihrer Afrikareise. Es war der erste Besuch einer so hochrangigen politischen Persönlichkeit aus Deutschland seit den 1960er Jahren. Bei ihrer Ankunft auf dem Roberts International Airport in Monrovia wurde Bundeskanzlerin Merkel ein lebendes Huhn überreicht, ein Symbol des traditionellen Willkommens.

Ich war wie erstarrt, als das Huhn vom traditionellen Häuptling überreicht wurde. Bei einigen früheren traditionellen Begrüßungszeremonien hatte ich gesehen, wie Würdenträger, die zu Besuch kamen, zusammenzuckten und zurückwichen. Angela tat nichts von beidem. Sie nahm das Huhn freudig entgegen, während ihre Mitarbeiterin gluckste und ihre Sicherheitsbeamten angespannt wirkten.

Ich unterdrückte ein bewunderndes Lächeln. In diesem Moment sah ich in Bundeskanzlerin Merkel eine Führungspersönlichkeit, die keine Angst vor dem Unbekannten hatte. Ich sah eine Führungspersönlichkeit, die bereit war, sich der Herausforderung zu stellen, persönliche Ängste und Zweifel zu überwinden. Ich empfand tiefen Respekt und Bewunderung für ihre Tapferkeit und ihren Sinn für Furchtlosigkeit.

Im Mai 2007 hatte ich – anlässlich der Einladung zum 8. Treffen des Africa Partnership Forum in Berlin, das vom 22. bis 23. Mai unter dem Motto »Gender and Economic Empowerment in Africa« stattfand – bereits das Privileg gehabt, mit Bundeskanzlerin Merkel zusammenzutreffen. Am Rande des Mittagessens bat ich sie um Rat in Bezug auf die weitverbreiteten und aufgebauschten Behauptungen eines kürzlich ernannten Auditor General (Oberster Rechnungsprüfer) von Liberia über Korruption im Land und unter meiner Regierung. Er war von meiner Regierung nach Liberia zurückgeholt und ernannt worden und erst seit ein paar Wochen im Amt. »Feuern Sie ihn«, lautete ihr knapper Ratschlag.

Ich war beeindruckt von der Klarheit ihrer Antwort. Als ich jedoch nach Hause zurückkehrte, gab ich nach. Aber sie hatte Recht. Wie sich herausstellen sollte, bereute ich es, ihrem Rat nicht gefolgt zu sein.

Am 26. Juni 2008 wurde ich von der deutschen Bundeskanzlerin herzlich empfangen, um am Liberia Poverty Reduction Forum in Berlin teilzunehmen. Liberia stellte seine Armutsbekämpfungsstrategie vor und erhielt von Deutschland einen offiziellen Schuldenerlass in Höhe von 268 Millionen Euro. Außerdem wurde bekannt gegeben, dass die deutsche Regierung in diesem Jahr 15 Millionen Euro zur Verfügung stellte, davon zehn Millionen Euro für den Treuhandfonds für den Wiederaufbau Liberias mit Schwerpunkt auf der Entwicklung der Infrastruktur. Wieder einmal hielten sich die deutsche Bundeskanzlerin und die Regierung für mich und Liberia an das, was sie versprochen und zugesagt hatten.

Auf Einladung von Premierminister David Cameron nahm ich zusammen mit drei anderen afrikanischen Staats- und Regierungschefs am 39. G8-Gipfel vom 17. bis 18. Juni 2013 in Nordirland teil. Meine Teilnahme bot mir die Gelegenheit, den informellen Stil, das diplomatische Geschick und den entschlossenen Charakter von Bundeskanzlerin Merkel zu beobachten, als sie an einer Reihe von Diskussionen über Demokratie, Entwicklungshilfe, Rechenschaftspflicht und Transparenz bei der Verwendung von Ressourcen teilnahm und diese leitete. Ich war fasziniert von ihrem geschickten Umgang mit dem russischen Präsidenten Wladimir Putin und bewunderte ihre aufrechte Haltung in der Gesellschaft dominanter männlicher Führungspersönlichkeiten. Sie vertrat mich und Frauen überall auf der Welt auf bewundernswerte und kompetente Weise.

Zwei Jahre später nahm ich an meinem zweiten Treffen der G7-Staaten auf Schloss Elmau teil. Diesmal geschah es auf Einladung von Bundeskanzlerin Merkel. Es war mein letzter Besuch in Deutschland in meiner Eigenschaft als Präsidentin von Liberia. Ich hatte die Ehre, vor den Staats- und Regierungschefs der G7-Staaten bei einem Treffen zu sprechen, das die deutsche Regierung und die Bundeskanzlerin für die drei von der tödlichen Ebola-Epidemie am stärksten betroffenen Länder Liberia, Sierra Leone und Guinea mitorganisiert hatten.

Auch hier zeigten sich die außergewöhnlichen Führungsqualitäten von Bundeskanzlerin Merkel in bemerkenswerter Weise. Auf dem 41. Gipfeltreffen der G7-Staaten nahm sie Einfluss auf die Verabschiedung einer Erklärung, in der die Welt zu Recht aufgefordert wurde, ihre Fähigkeit bei Notfällen im Bereich der öffentlichen Gesundheit zu verbessern (Prävention, Schutz, Erkennung, Meldung, Reaktion). Schon damals blickte sie als Führungspersönlichkeit in die Zukunft, während sie sich einer aktuellen Herausforderung stellte – wie es Führungspersönlichkeiten tun sollten. Es war schön, dass mit der Präsidentin der Kommission der Afrikanischen Union, Nkosazana Dlamini-Zuma, eine weitere weibliche Führungskraft anwesend war.

Nach meiner Präsidentschaft hatte ich am 22. Juni 2019 die Gelegenheit, auf Einladung von Dr. Julia Helmke Dortmund zu besuchen, um mit der Bundeskanzlerin am Evangelischen Kirchentag teilzunehmen. Wieder einmal hatte ich die große Ehre, mit Angela das Podium zu teilen. Sie strahlte nach wie vor eine Aura der Einfachheit aus, durch die man sich in ihrer Gegenwart willkommen fühlte. Und doch hinterließ sie mit ihrer unverwechselbaren Festigkeit einen starken Eindruck.

Ich nutzte die Gelegenheit, um mich nach einer früheren Bitte von mir an sie zu erkundigen, die Unterstützung für den Global Fund for Community Health Workers betreffend. Sie erinnerte sich und reagierte positiv. Trotz der unzähligen Herausforderungen, die jeden Tag auf ihren Schreibtisch kommen, erinnerte sie sich an einen Brief, der ihr von einem früheren Präsidenten übermittelt worden war. Ich war beeindruckt von ihrem scharfen Gedächtnis und ihrer Aufmerksamkeit für Details. Wie sie versprochen hatte, erhöhte Deutschland die Mittelzuweisungen für den Fonds. In Bundeskanzlerin Merkel habe ich eine Führungspersönlichkeit gefunden, die ihre Versprechen einhält.

Die Treffen mit Bundeskanzlerin Angela Merkel und der Umgang mit ihr gehören für mich zu den Höhepunkten meiner Präsidentschaft. Mir imponierte die Qualität ihrer Führung und ich sah in ihr eine Quelle der Inspiration.

Angela zeichnet sich nicht nur in ihrer deutschen, sondern auch in ihrer globalen Führungsrolle aus. Sie hat die deutsche Politik geprägt und einen unauslöschlichen Eindruck in der Weltpolitik hinterlassen. Sie inspiriert mich weiterhin. Ich prophezeie, dass noch lange nach Angelas Ausscheiden aus der deutschen Regierung ihre Lebensgeschichte und ihre Führungsqualitäten Frauen und weibliche Führungskräfte auf der ganzen Welt motivieren und inspirieren werden.

Angela wird aus dem Amt scheiden, aber sie wird nicht vergessen werden. So tief sind ihre Spuren, die sie in der Welt hinterlässt.

Eine liebevolle Erzählerin der europäischen Politik: Angela Merkels Rolle in der Weltpolitik

Von Donald Tusk

Während der Feierlichkeiten zum 60. Jahrestag der am 25. März 1957 unterzeichneten Römischen Verträge habe ich eine sehr persönliche Botschaft an die Staats- und Regierungschefs der Mitgliedstaaten der Europäischen Union gerichtet. Ich begründete dies damit, dass ich ein Altersgenosse der Union bin, der im selben Jahr geboren wurde. Ich sagte damals, dass manchmal der Geburtsort noch wichtiger ist als das Geburtsdatum. In meinem Fall ist es die Stadt Gdańsk, die mit Beharrlichkeit über Hunderte von Jahren von den Polen und den Deutschen, von den Holländern und den Juden und von den Schotten und den Franzosen aufgebaut wurde. Im Jahr 1945, zufällig auch im Monat März, haben Hitler und Stalin meine Stadt in nur wenigen Tagen zerstört. Sie wurde bis auf die Grundmauern niedergebrannt.

Ich war acht Jahre alt, als die Europäische Gemeinschaft durch den Fusionsvertrag einen gemeinsamen Rat und eine gemeinsame Kommission gründete; der Weg, den ich damals jeden Tag zur Schule nahm, führte noch immer durch die Ruinen der verbrannten Stadt. Für mich war der Zweite Weltkrieg nicht abstrakt.

Angela Merkel saß mir direkt gegenüber und hörte meinen Worten aufmerksam zu. Und mit echten Emotionen. Kein Wunder, sprach ich doch über eine Stadt, in der ihr Großvater Willi Jentzsch Senator gewesen war. Auf dem Weg zur Schule kam ich an den Trümmern einer Villa vorbei, die dem Senatspräsidenten der Freien

Stadt Danzig gehörte und in der Willi Jentzsch sicher ein häufiger Gast war. Und buchstäblich hundert Meter weiter die Straße hinunter befand sich das Tor Nr. 2 der Danziger Werft, ein symbolischer Geburtsort der Solidarność-Bewegung, wo der Prozess des Zerfalls der Sowjetmacht begann. Merkel betonte immer wieder in unseren privaten Gesprächen, aber auch öffentlich, dass es ohne den Aufstand der Danziger Arbeiter keinen Fall der Berliner Mauer, keine Vereinigung Deutschlands und (fast) ganz Europas gegeben hätte. Sie verstand wie kaum eine andere die universelle Bedeutung der Solidarität. Nicht als Parole, die man in Reden und offiziellen Dokumenten findet, sondern als kollektive Erfahrung von Millionen von Menschen, die die Geschichte unseres Kontinents im besten Sinne geprägt hat.

Ein Gespür für Geschichte zu haben, ist eine seltene und eine ausgesprochen wünschenswerte Eigenschaft für einen Politiker. Und ich spreche hier nicht von einer trivialen Geschichtskenntnis, wie sie von vielen Führungspersönlichkeiten demonstriert wird. Schließlich sind viele von ihnen, mich eingeschlossen, ausgebildete Historiker. Aber es gibt einen wesentlichen, wenn auch subtilen Unterschied zwischen historischem Wissen und einem Verständnis von Geschichte, genauer gesagt, einem Gefühl für Geschichte. Vielleicht war es Angela Merkels Ausbildung, die sie befähigt hat, etwas zu begreifen, was wir als gute Chemie zwischen Menschen, zwischen Nationen und zwischen ihren Führern bezeichnen könnten. Auf diesem Gebiet ist sie eine echte Meisterin geworden. Einfühlungsvermögen, im tiefsten Sinne dieses Wortes, ist zweifellos ihr Markenzeichen, während ihre Geduld im Umgang mit anderen Führungspersönlichkeiten es ihr ermöglicht hat, eine einzigartige Position in der europäischen und weltweiten Politik einzunehmen.

Geschichtsbewusstsein und Einfühlungsvermögen sowie die ständige Bereitschaft, nach einem Kompromiss zu suchen, sind seltene und wertvolle Eigenschaften, besonders bei dem Führer, der Führerin eines mächtigen Staates. Und ziemlich einzigartig in der Geschichte der deutschen Politik. Als Pole könnte ich endlos darüber reden. Daher rührt die verständliche Sorge in vielen europäischen Hauptstädten über die Zukunft unseres Kontinents nach dem Ausscheiden der Bundeskanzlerin aus dem Amt.

Es gehört ein außergewöhnliches politisches Talent dazu, die Position zu erreichen, die Angela Merkel über viele Jahre in der Weltpolitik aufgebaut hat, ohne das Argument der Gewalt zu nutzen. Die Europäische Union ist ein permanenter Ausgleich widerstreitender Interessen, historischer Ressentiments und divergierender politischer Ambitionen durch endlose Verhandlungen, Überzeugungsarbeit und gegenseitige Zugeständnisse und kein dauerhaftes und präzises politisches System. Der Rücktritt von der Macht als Mittel zur Lösung von Konflikten widerspricht der Natur der Politik. Er ist eher die Ausnahme als die Regel und verlangt von uns eine ständige positive Anstrengung. Er hängt in hohem Maße vom guten Willen ab, von der Bereitschaft, einen Teil der eigenen Interessen zu opfern, und davon, Europa als eine Einheit zu denken. Als eine Einheit in einem politischen, aber auch in einem axiologischen Sinne. Jeder weiß, dass wir ohne diese Anstrengung nicht überleben können, und doch sind wir nicht immer bereit, im Sinne der Idee der Solidarität zu handeln. Angela Merkels europäische Karriere war dieses ungewöhnlich seltene Beispiel eines Triumphs einer originellen Kombination aus Pragmatismus, Sanftmut und Beharrlichkeit.

Heute erleben wir die Rückkehr einer brutalen, egoistischen und zunehmend unverantwortlichen Politik. Populismus und Nationalismus gewinnen immer mehr neue Anhänger, und ein Mangel an Empathie und Verständnis für die Argumente anderer wird wieder als Zeichen der Stärke und als politische Tugend angesehen. Demagogen sind auf dem Vormarsch, und die Verfechter von Vernunft, Mäßigung und Toleranz stehen im Verdacht, nationale Interessen zu verraten oder bestenfalls Schwäche zu zeigen.

Angela Merkel war viele Jahre lang eine Garantin dafür, dass dieser Trend gestoppt werden konnte, auch wenn wir anerkennen, dass er ein Ausdruck der Natur der Politik ist.

Ich erinnere mich noch, als wäre es gestern gewesen, an einen dieser langen, anstrengenden Abende in Brüssel. Die Staats- und Regierungschefs hatten die Nase voll von einer Diskussion, die fast zehn Stunden lang ununterbrochen angedauert hatte. Einige nickten ein, andere gingen sich gegenseitig an die Gurgel, wieder andere wollten die Gespräche abbrechen und standen kurz davor, den Raum zu verlassen. In dieser Situation erhob Angela Merkel ihre Stimme, was an sich schon eine Seltenheit ist, und sagte jene vielsagenden Worte, die uns allen noch immer als Warnung dienen können: »Wenn wir Europäer nicht lernen können, so lange miteinander zu reden, wie es nötig ist, um eine gemeinsame Lösung zu finden, dann werden wir wieder lernen müssen, aufeinander zu schießen.«

Die polnische Schriftstellerin und Nobelpreisträgerin Olga Tokarczuk betitelte ihre Rede zur Verleihung des Nobelpreises »Der liebevolle Erzähler«. Angela Merkel hat sich über die Jahre bemüht, eine liebevolle Erzählerin der europäischen Politik zu sein, und könnte tatsächlich die Autorin dieser Worte aus Olga Tokarczuks Essay sein: »Wir sind alle unser eigenes Ich, also tun wir alles Böse, das wir anderen antun, auch uns selbst an.«

Zielstrebig für ein stabiles Deutschland in einem starken Europa

Von Christine Lagarde

Es war ein kühler Aprilabend in Berlin 2017. Musikliebhaber aller Art versammelten sich an diesem Abend in der Berliner Staatsoper Unter den Linden, um dem erstklassigen Orchester unter der Ägide des Maestros Daniel Barenboim und der Geigerin Anne-Sophie Mutter zuzuhören. Unter den vielen Gästen des Abends waren auch Angela Merkel und ich. Ich war gerade für verschiedene Treffen in der Hauptstadt, insbesondere diesem mit Angela Merkel. Sie fragte spontan, ob wir am Abend gemeinsam ins Konzert gehen wollten. Gesagt, getan. Doch statt des für Spitzenpolitiker üblichen protokollarischen Prozederes wurden wir zusammen in ihrem Auto ohne viel Aufhebens zur Staatsoper gefahren und gingen fast unbeachtet zu den uns zugewiesenen Plätzen. Es wurde ein geselliger Abend. Anne-Sophie Mutter spielte eine beeindruckende Interpretation des Violinkonzerts von Ludwig van Beethoven, und das Orchester gab sein Bestes für den Maestro.

Diese unkomplizierte und pragmatische Art Angela Merkels überraschte immer wieder. Sie ist jedoch bezeichnend für diese Ausnahmepolitikerin. Angela Merkel regierte als erste Frau die Geschicke Deutschlands, der viertgrößten Volkswirtschaft der Welt, und das 16 Jahre lang. Nur Helmut Kohl blieb gleich lange im Amt. Während der Kalte Krieg, die Wiedervereinigung Deutschlands und die Einführung des Euro Helmut Kohls Amtszeit prägten, steuerte Angela Merkel ihr Land durch die Finanz- und Schuldenkrise, die Flüchtlingskrise und schließlich durch die schwerste Pandemie des vergangenen Jahrhunderts. Am Ende ihrer Amtszeit hinterlässt sie vor allem eins: Stabilität. Wenn die deutsche Volkswirtschaft all diesen Stürmen standhielt, dann ist es zu einem großen Teil ihr Verdienst.

Gleichzeitig wurde sie zu einer treibenden Kraft in Europa und der Welt, spielte die zentrale Rolle bei wegweisenden politischen Entscheidungen.

In den vergangenen Jahren kreuzten sich unsere Wege vielfach, oft arbeiteten wir an den gleichen Themen, bewegten uns auf dem gleichen politischen Terrain.

Was durch all diese Begegnungen deutlich geworden ist, ist Folgendes: Angela Merkels Führungsstil wurde durch ihre Herkunft definiert, ist geleitet von einem tiefen Verantwortungsbewusstsein für Freiheit und Demokratie und angetrieben von ihrer inneren Stärke und Entschlossenheit. Auf diese Aspekte möchte ich im Folgenden näher eingehen.

Verantwortungsbewusstsein und Standhaftigkeit

Das erste Mal begegneten Angela Merkel und ich uns bei einem deutsch-französischen Gipfeltreffen im Amtssitz des französischen Präsidenten, dem Élysée-Palast, im Jahr 2005. Angela Merkel war gerade zur ersten deutschen Kanzlerin gewählt worden. Sie war 51 Jahre alt, als sie dieses Amt antrat, jünger als alle ihre Vorgänger. Ich war als Handelsministerin Mitglied der französischen Delegation der Regierung des damaligen Präsidenten Jacques Chirac. Bei dem Treffen wurde entschieden, das erste gemeinsame deutsch-französische Geschichtsbuch herauszugeben. Angela Merkel lobte die Initiative, die die deutsch-französische Freundschaft stärke. Alles, so hob sie hervor, beginne mit Bildung. Angela Merkel, etwa 22 Jahre jünger als Chirac, war auf Augenhöhe mit dem damaligen französischen Präsidenten. Sie sah mutig aus. Als weibliche Regierungschefin betrat sie Neuland. Präsident Chiracs Sorge, dass er mit seiner neuen deutschen Amtskollegin nicht mehr das eine oder andere Bier trinken könne, wie er es ausgiebig mit Gerhard Schröder getan hatte, erwies sich übrigens als unbegründet. In den darauffolgenden Jahren tranken die beiden des Öfteren ein Bier zusammen.

Für sie selbst begann alles im Osten des geteilten Deutschlands, hinter dem Eisernen Vorhang, in der Deutschen Demokratischen Republik (DDR). Hier ging sie zur Schule, studierte Physik, promovierte, lernte, was sie im kommunistischen System lernen musste und was sie unabhängig von der herrschenden Ideologie lernen wollte. Sie las auch das, was sie nur auf Umwegen bekommen konnte, über Politik, Philosophie, Geschichte und die klassische Literatur. Das Wichtigste, so sagte sie mir einmal, lernte sie auswendig, um keine Spuren oder Notizen zu hinterlassen. Die ständige und versteckte Überwachung der Stasi führte dazu, dass sie sich eine gehörige Portion Misstrauen aneignete. Im Tagesgeschäft der Politik machte sie sich diese Eigenschaft später zunutze.

35 Jahre Diktatur lehrten sie jedoch vor allem eines: den Wert der Freiheit, der Demokratie, der sozialen Marktwirtschaft. Hermann Hesse schrieb einmal in seinem Gedicht »Im Nebel«: »Wahrlich, keiner ist weise, der nicht das Dunkel kennt.« Angela Merkel kennt das Dunkel der DDR. Und sie kennt die Strahlkraft des friedlich geeinten Deutschlands. Es ist dieses geeinte Deutschland, dem sie sich verpflichtet hat. »Ich will Deutschland dienen,« sagte sie in ihrer ersten Regierungserklärung als Kanzlerin. Sie wolle Deutschland zu einem starken Partner für Europa und die Welt machen. Und dabei ist ihr die Verantwortung, die Deutschland trägt, bewusst. »Vor dem Leid anderer verschließen wir weder unsere Augen noch unsere Herzen«, sagte sie damals im Bundestag.

Als der Strom von Flüchtlingen im Sommer 2015 aufgrund von Krieg, Vertreibung und Armut anschwillt, lässt Angela Merkel die Grenzen offen. Dafür wurde sie im eigenen Land von einigen heftig kritisiert, international gewann sie durch diese Entscheidung an Ansehen. Sie tat das, was man von den vielen Männern in Verantwortung erwartet hätte. So war sie in gewisser Weise der einzige Mann im Raum. Und zwar einer mit Prinzipien.

Dem Staat zu dienen, dieses Gefühl ist mir selbst sehr vertraut. Es rührt von einer tiefen inneren Überzeugung, eine Verantwortung zu tragen, die weit über das Persönliche hinausgeht. Eine Verantwortung, der man sich nicht entziehen kann, wissend, dass es dabei weniger um die eigene Zukunft als um die der anderen geht. Dabei werden die eigenen Interessen nebensächlich. Wer die Chance bekommt, seinen Teil beispielsweise zu einem stärkeren Europa beizutragen, der wird nicht zögern. In meiner beruflichen Laufbahn wurde ich bereits mehrere Male vor die Wahl gestellt, dem Ruf des Staates zu folgen oder meiner bisherigen beruflichen Tätigkeit weiter nachzugehen. Jedes Mal entschied ich mich – ohne zu zögern – für das öffentliche Amt. Als ich zur Präsidentin der Europäischen Zentralbank berufen wurde, motivierte mich besonders, in einem öffentlichen Amt der Einigung Europas dienen zu können.

Angela Merkel formulierte es bei ihrem Regierungsantritt folgendermaßen: »Es geht um uns alle, es geht um unser Gemeinwesen, um unsere gemeinsame Zukunft.«

Und so ist es bei Angela Merkel dieses Verantwortungsbewusstsein für ihr Land, in dessen Dienst sie getreten ist. Es leitet sie bei den Entscheidungen, die sie mit großer Entschlossenheit und Standhaftigkeit umsetzt.

Wie standhaft sie sein kann, konnte ich als Chefin des Internationalen Währungsfonds (IWF) beim G20-Treffen in Cannes 2011 erleben. Das Gipfeltreffen fand während einer extrem kritischen Phase der europäischen Schuldenkrise unter französischer Präsidentschaft statt. Griechenland und Italien standen damals im Mittelpunkt der Schuldenkrise und drohten unter dem Druck der Finanzmärkte zusammenzubrechen. Es wurde um eine gemeinsame europäische Lösung gerungen. Es ging um weitere Rettungsgelder. Doch die Interessenlage unter den Regierungschefs war sehr unterschiedlich. Angela Merkel machte keine Anstalten, von ihrer Position abzuweichen. Für sie war klar, dass Solidarität keine Einbahnstraße sein kann. Diese Position war unbequem. Der Druck, der bei diesem Treffen auf Angela Merkel seitens der anderen

Regierungschefs ausgeübt wurde, war enorm. Sie war isoliert. Aber sie gab nicht nach.

Im Abschlussdokument des Gipfels verpflichteten sich alle Mitglieder zu weiteren Strukturreformen, um die Leistungsfähigkeit ihrer Länder zu steigern. Um dem Reformkurs nicht länger im Weg zu stehen, lenkte der griechische Premierminister Giorgos Papandreou ein und zog seine Pläne für ein Referendum zum zweiten Rettungspaket Griechenlands zurück. Wenige Tage später musste er zurücktreten. Der italienische Ministerpräsident Silvio Berlusconi, unter Druck, die Glaubwürdigkeit seines Landes an den Finanzmärkten wiederherzustellen, willigte schließlich ein, dass der IWF die Umsetzung der versprochenen Reformen beaufsichtigt. Auch er trat wenig später zurück.

Angela Merkel und ich waren damals bei diesem G20-Treffen die einzigen Frauen im Raum. Während der Verhandlungen trat sie allein einer Riege von Männern entgegen. Eine Situation, die wohl viele Frauen in Führungspositionen so oder ähnlich schon erlebt haben. Ich auch. Es ist eine von vielen Hürden, die Frauen auf ihrem Weg an die Spitze meistern müssen. Einsam und isoliert zu sein. Allerdings scheint Angela Merkel diese Art von Hindernissen nicht als solche wahrgenommen zu haben. Aus der Isolierung kann man sich befreien, und eine Frau zu sein, ist kein Hindernis.

Das liege daran, so erklärte sie mir einmal, dass es in der DDR keine Rolle gespielt habe, ob jemand weiblich oder männlich war, wenn es darum ging, was man beruflich erreichen konnte. Als junges Mädchen in der DDR habe sie gleiche Rechte und Chancen gehabt, sagte sie. Und so fiel es ihr auch sichtlich schwer, bei einer Podiumsdiskussion auf dem von ihr organisierten Women20 Summit 2017 in Berlin eine passende Antwort zu finden, als die Moderatorin sie fragte, ob sie Feministin sei. Sie wich aus. Obschon alle Frauen auf dem Podium, ich eingeschlossen, sich selbst als Feministinnen bezeichneten und sie ermunterten, Ja zu sagen.

Es scheint fast, als ob Angela Merkel ganz nebenbei all die Hürden mit Leichtigkeit nahm, mit denen viele Frauen in Führungspositionen hadern: unterschätzt zu werden, die einzige Frau in Sitzungen zu sein, mangelndes Selbstvertrauen, oder auch sich mit einem anderen, eher konsensorientierten Führungsstil durchsetzen zu müssen. Als Naturwissenschaftlerin ist sie es gewohnt, Probleme analytisch, rational und zielstrebig anzugehen. So auch in Cannes.

Innere Stärke und ultimativer Pragmatismus

Trotz ihrer Durchsetzungskraft geht es Angela Merkel dabei nicht um das Durchsetzen der eigenen Meinung. Es geht um mehr, um die Linie der Partei und der Regierung, vor allem jedoch um das Wohl der Bürger. Es gibt nur wenige in der Politik, die den Dienst am Gemeinwohl so verinnerlicht haben wie Angela Merkel. Dafür sind Kompromisse weitaus zielführender als die persönliche Profilierung. Wenn ich hier vom Wohl der Bürger spreche, meine ich das Wohl der Bürger, für die sie vier Mal ihren Amtseid geschworen hat. Ihre Europapolitik ist in dieser Hinsicht oft missverstanden worden: Im eigenen Land wurde Merkel vorgeworfen, deutsches Geld zu verschwenden. In anderen Ländern wurden ihre »Spardiktate« verdammt, das ging bis zu völlig unangemessenen Vergleichen mit Hitler. Für sie war dagegen klar: Die europäische Einigung mag an sich ein hehres Ziel sein. Sie ist aber auch schlicht im Interesse der Deutschen und ihrer Wirtschaft, die von der EU stark profitiert. Und ein sorgsamer Umgang mit den Staatsfinanzen ist letztlich im Interesse aller Länder.

Dieser klare Ansatz hat sie auch im Juli 2015 geleitet, auf dem Höhepunkt der griechischen Schuldenkrise. Die Krisentreffen gingen beinahe nahtlos ineinander über. Ich war damals an der Spitze des Internationalen Währungsfonds (IWF), dem Griechenland mehrere Milliarden aus früheren Rettungsprogrammen schuldete. Auch Deutschland war ein großer Kreditgeber Griechenlands, über bilaterale Darlehen und über den Rettungsschirm EFSF, die European Financial Stability Facility, und später den European Stability Mechanism (ESM).

Im Juni 2015 kam Griechenland in Zahlungsverzug, als das Land einen auslaufenden IWF-Kredit nicht zurückzahlte. Damit wurde Griechenland zum ersten Industrieland, das gegenüber dem IWF in Zahlungsrückstand geriet. Die Lage spitzte sich dramatisch zu. Der Verbleib Griechenlands in der Eurozone stand auf der Kippe. An einem Wochenende im Juli kam es zu einem 17-Stunden-Treffen der Regierungschefs der Eurozone, an dem auch die Chefs der europäischen Institutionen und ich als geschäftsführende Direktorin des IWFs teilnahmen. Der rettende Kompromiss, der erst am frühen Morgen gefunden wurde, trug Angela Merkels Handschrift.

Während der langen Verhandlungsnacht wurde der Kreis der Unterhändler immer kleiner, die meisten Regierungschefs waren hinausgegangen oder befanden sich in unzähligen bilateralen Besprechungen. Angela Merkel war hartnäckig dabeigeblieben und hatte nicht gezögert, weiter nach einem Kompromiss zu suchen, auch zu fortgeschrittener Stunde. Zwischendurch waren es nur wenige Teilnehmer: EU-Ratspräsident Donald Tusk, Angela Merkel, der französische Präsident François Hollande, der griechische Premierminister Alexis Tsipras und seine Berater und ich. Nach langen Diskussionen konnten wir uns auf einen Kompromiss einigen, der schlussendlich den Weg für das dritte Rettungsprogramm ebnete und Griechenlands Verbleib in der Eurozone sicherte. Angela Merkel hatte dabei die zentrale Rolle gespielt, obwohl ihr eigener Finanzminister Wolfgang Schäuble skeptisch war. Das Risiko eines ungeordneten Ausscheidens Griechenlands aus dem Euro schien ihr ungleich größer als ein erneutes Rettungsprogramm – und sie hat Recht behalten.

Wenn Angela Merkel also etwas Bestimmtes erreichen will, setzt sie alle Hebel in Bewegung, bespricht sich, verhandelt und überzeugt. Sie ist die ultimative Pragmatikerin. Das Ergebnis zählt. Und dabei verlässt sie sich am liebsten auf sich selbst.

Bei G20-Treffen beispielsweise nimmt sie die Dinge gern selbst in die Hand. Besonders wenn es bei diesen hochkarätigen Treffen schwierig wurde und die Anspannung im Raum stieg. Dann stand sie einfach auf, ging zu dem einen und zu dem anderen, versuchte zu überzeugen, hörte zu und besprach Positionen. Zugleich griff sie beim Verfassen schwieriger Passagen im Abschlussdokument selbst zum Stift. Das habe ich bei keinem anderen Regierungschef oder Staatsoberhaupt so erlebt. Die meisten bleiben auf ihren Plätzen sitzen und überlassen ihren Beratern und Assistenten diese Arbeit. Angela Merkel allerdings vertraut nur sich selbst, verlässt sich ganz auf ihre eigene, innere Stärke und die genaue Kenntnis der oft komplizierten Themen. Es macht ihr Spaß, sich im Detail immer wieder in neue Themen einzuarbeiten. Sie hinterfragt selbst die besten Berater, allerdings niemals ihre eigenen – zumindest nicht in der Öffentlichkeit.

Dieses Interesse am Detail, verbunden mit dem Willen, die richtigen Konsequenzen zu ziehen, hilft ihr immer wieder, in Deutschland und international. Die Ausarbeitung des Europäischen Aufbauplans zur Bekämpfung der wirtschaftlichen Folgen der Coronapandemie ist das jüngste Beispiel.

Schon in der Schule war Angela Merkel Klassenbeste, und diesen Anspruch hat sie sich auch als Politikerin bewahrt. Immer etwas besser zu sein als die anderen. Immer gut vorbereitet zu sein. Immer alles noch einmal nachgeprüft zu haben. Man muss sich schließlich nicht auf andere verlassen, wenn man sein Dossier selbst in- und auswendig beherrscht, alles noch einmal durchgerechnet hat. Als ich beispielsweise an der Spitze des IWF war, kam es vor, dass Angela Merkel die IWF-Berechnung zur Schuldentragfähigkeit Griechenlands nachrechnete und bestimmte Modellannahmen infrage stellte. Die Berechnungen waren stets korrekt, jedoch hatte sie sich die Mühe gemacht, noch einmal alles zu hinterfragen, zu durchdringen und die Antworten genau zu überprüfen.

Geprägt vom Leben in der Diktatur, geleitet von einem tiefen Verantwortungsbewusstsein und angetrieben von ihrer inneren Stärke hat Angela Merkel es geschafft, ein stabiles Deutschland in einem starken Europa zu verankern. Mit diesem Kurs hat sie die Position der größten Volkswirtschaft Europas als verlässlichen Partner weiter gefestigt.

Pragmatisch und doch genau, misstrauisch und dennoch konsenssuchend, wissenschaftlich denkend mit einer Leidenschaft für Kultur und Musik – Politikerinnen dieses Formats sind rar. Bei unserem gemeinsamen Konzertbesuch in Berlin wurde zwar Beethoven gespielt. Allerdings erinnert mich Angela Merkels Führungsstil auf eine gewisse Art und Weise an »Das Wohltemperierte Klavier« von Johann Sebastian Bach.[1] Dessen Musik schätzt sie sehr. Es ist ein Werk, bestehend aus Präludien und Fugen, das viele andere Komponisten und Musiker beeinflusst hat, darunter vor allem auch Ludwig van Beethoven. Letztlich wurde »Das Wohltemperierte Klavier« zu einem Meilenstein in der Musikgeschichte.

Viel spricht dafür, dass Angela Merkels Kanzlerschaft zu einem Meilenstein in der politischen Geschichte wird. Sicher ist allerdings schon jetzt, dass sie zu einem Vorbild für viele Frauen und Männer geworden ist. Als sie antrat, sagte sie mit Blick auf den Mauerfall: »Wenn Sie schon einmal in Ihrem Leben so positiv überrascht wurden, dann halten Sie vieles für möglich.«

Die unermüdliche Suche nach Zusammenhalt

Von Emmanuel Macron

»Die Einheit Europas war ein Traum von wenigen. Sie wurde eine Hoffnung für viele. Sie ist heute eine Notwendigkeit für uns alle. Sie ist [...] notwendig für unsere Sicherheit, für unsere Freiheit, für unser Dasein als Nation und als geistig schöpferische Völkergemeinschaft.« Diese Beobachtung machte Konrad Adenauer 1954 zu Westeuropa – ein Europa, in dem es damals noch keine Mauer gab. Die Gründerväter der EU, zu denen er gehörte, wiesen und bahnten uns zu Beginn der europäischen Einigung den Weg hin zu einem geteilten Schicksal. Angela Merkel setzte diesen Weg fort und erweiterte seinen Horizont. Während 16 Jahren an der Spitze des Bundeskanzleramts ebnete sie durch ihr Handeln den Weg für ein geeintes Europa, das sich seiner Verantwortung bewusst ist und entschieden zu seinen Werten steht.

In vier Jahren des vertrauensvollen Dialogs und der engen Zusammenarbeit mit der Kanzlerin – von Gesprächen hin zu Entscheidungen, von Vorhaben hin zu konkreten Verwirklichungen – konnte ich beobachten, wie sie die Liebe zur Freiheit verkörperte, die tiefe Achtung der Demokratie und die unermüdliche Suche nach Zusammenhalt – im wahrsten Sinne des Wortes. Europa nicht auseinanderbrechen lassen, die Deutschen und Europäer zusammenhalten: Das ist, denke ich, der moralische Imperativ, den sich Angela Merkel während ihrer Jahre im Kanzleramt gesetzt hat.

Jetzt, wo sie in Kürze aus dem Amt scheiden und damit ein bedeutendes Kapitel unserer zeitgenössischen Geschichte abschließen wird, möchte ich dieser überzeugten Europäerin, die mehr als einen

Baustein zu unserem gemeinsamen Aufbauwerk beigetragen hat, meine Anerkennung zollen. Nach anderen, mit anderen, aber stets mit einer einzigartigen Entschlossenheit hat Angela Merkel durch ihre Überzeugungen und viel geduldige Arbeit dazu beigetragen, der Europäischen Union ihre Gestalt, ihren Sinn und ihre Richtung zu verleihen.

Der Werdegang von Angela Merkel erzählt die Geschichte unseres Kontinents, zeigt aber auch die Einzigartigkeit außergewöhnlicher Schicksale auf. In entgegengesetzter Richtung zu vielen anderen wurde sie im Westen geboren und zog in den Osten, sie wuchs in einem gespaltenen Land auf, im Schatten der Mauer, unter ständiger Überwachung und ständigem Verdacht. Als Gegensatz dazu suchte sie in der Wissenschaft Erkenntnisse, die sich nicht verfälschen lassen, und Wahrheiten, die das Regime nicht verdrehen konnte. Dann, als der Eiserne Vorhang fiel, Deutschland wiedervereint und Europa erweitert wurde, engagierte sie sich – wie von einem Wind der Hoffnung und der Freiheit getragen – in der Politik.

Angela Merkel wuchs mit einem Gefühl der Verbundenheit zu beiden Seiten der Mauer auf, lernte als Jugendliche Russisch und entdeckte als Erwachsene, was aus dem Westdeutschland ihrer Kindheit geworden war. Ihre Überzeugungen und Vorgehensweisen entwickelten sich also inmitten der Zeitgeschichte. Wenn man, so wie sie, den Preis eines zweigeteilten Deutschlands und den Wert des Austauschs innerhalb eines endlich Europa voll angehörenden Deutschlands aufs Innigste kennt, liegt es einem immer am Herzen, eine gerechte Teilhabe aller am europäischen Projekt zu gewährleisten.

Alles in ihrem Handeln – ihre Ruhe, ihre Bemühung um Gleichgewichte, ihre unermüdliche Suche nach Kompromissen – ist ein Beweis für ihr Bestreben, keine Spaltung zwischen uns, zwischen Ost-, West-, Nord- und Südeuropäern, zuzulassen. Diese stetige Suche nach Harmonie äußerte sich auch in der Aufmerksamkeit, die sie unseren Nachbarn im Osten und im Balkan entgegenbrachte, in ihrer Weltoffenheit und ihrem Interesse für unsere Partner im südlichen Mittelmeerraum. Sie, die umgehend reiste, als der Eiserne Vorhang gefallen war, ist eine der leidenschaftlichsten Verfechterinnen des Multilateralismus und der internationalen Zusammenarbeit.

Ihr Land hat sie geprägt. Und auch sie hinterlässt in ihm einen bleibenden Eindruck. Angela Merkel vermacht ihren Mitbürgerinnen und Mitbürgern ein tief im europäischen Projekt verankertes Deutschland, das sich in der Welt behauptet, um dort für seine Werte, unsere europäischen Werte einzutreten. Ein Deutschland, das sich seines Beitrags zur Europäischen Union und des Beitrags Europas zu seinem Wohlstand voll bewusst ist. Ein offenes und humanistisches Deutschland, das in der Lage ist, Frauen und Männer, die Zuflucht suchen, nachdem sie Schrecken und Gewalt erlebt haben, aufzunehmen und zu integrieren. Ein Deutschland, das in die Zukunft blickt, indem es den Kampf gegen den Klimawandel zu einer seiner obersten Prioritäten macht.

Zweifellos wird die Bundeskanzlerin nach dem Ende ihrer Amtszeit eine große Leere in den Herzen der Deutschen hinterlassen. Sie wissen, dass sie seit ihrem allerersten politischen Engagement in der DDR bis hin zum höchsten Niveau staatlicher Verantwortung all ihre Energie, all ihre Intelligenz und all ihr Talent in ihren Dienst gestellt hat. Im Zuge meiner zahlreichen Besuche in Deutschland wurde ich Zeuge der Zuneigung, mit der sie ihr begegnen. Mit Sicherheit wird sie ihnen fehlen, aber das, was sie für sie aufgebaut hat, wird sie noch Jahrzehnte lang begleiten, da sie ihr Land mit Sorgfalt auf die großen Umbrüche der heutigen und der kommenden Zeit vorbereitet hat – sei es in den Bereichen Wirtschaft, Soziales, Digitalisierung oder Umwelt.

Angela Merkel legte großen Wert darauf, diese Zukunftsperspektiven gemeinsam mit Deutschlands nächsten Nachbarn und ganz besonders mit Frankreich aufzuzeigen. Sie nahm die Hand, die wir ihr reichten, um die Freundschaft, die unsere Völker verbindet, durch Vorhaben und konkretes Handeln weiter zu stärken. Der Élysée-Vertrag von 1963 war der Wundverband für die offene deutsch-französische Wunde. Dieser Vertrag machte die Heilung und die deutsch-französische Freundschaft möglich, die 2019 durch den Vertrag von Aachen weiter gefestigt wurde. Auf den Pakt der Konvaleszenz folgte ein Pakt der Konvergenz. Damit unsere beiden Länder noch enger zusammenarbeiten. Damit Frankreich und Deutschland weiterhin Seite an Seite gehen, Hand in Hand, mit gleichem Elan. Erste Ergebnisse lassen sich bereits erkennen: in den engeren Beziehungen zwischen unseren Bürgerinnen und Bürgern, in der Zusammenarbeit unserer Wissenschaftlerinnen und Wissenschaftler in Schlüsselsektoren wie der Künstlichen Intelligenz, in unseren Bündnissen zur Begegnung der kulturellen Herausforderungen und zur Regulierung der digitalen Plattformen beispielsweise.

Wenige Länder der Welt sind sich so nah und doch so verschieden. Die Wahrung dieses Gleichgewichts, dieses fruchtbaren Andersseins, setzt voraus, dass wir uns in der Vergangenheit verwurzeln, um uns der Zukunft besser zu öffnen.

Auf der Lichtung von Rethondes gedachten die Bundeskanzlerin und ich 2018 des Endes des Ersten Weltkriegs vor 100 Jahren. Dabei machten wir uns den Weg des Friedens und des Wohlstands bewusst, der innerhalb eines Jahrhunderts von Deutschland und Frankreich zurückgelegt wurde. Und heute ist unsere beispiellos enge Zusammenarbeit in den Bereichen Sicherheit und Militär der Beweis für das immense Vertrauen, mit dem wir uns gegenseitig begegnen. Auch ist sie ein Zeichen für unsere gegenseitige Verpflichtung dafür, dass die Kriege, die unseren Kontinent einst schwächten, uns nicht erneut entzweien können. Schließlich ist sie ein Beweis für unsere Entschlossenheit, die Stabilität einer sich immer mehr aufzulösen drohenden Welt zu bewahren.

Sehr oft haben wir uns den Aufgaben gemeinsam gestellt. Jede Krise wurde von gegenseitigem Respekt und einem intensiven Austausch begleitet, um die jeweiligen Interessen und Verpflichtungen besser zu verstehen und unsere Ansichten anzunähern. Dies hat uns mehrfach dazu veranlasst, uns gemeinsam an unsere Amtskollegen zu wenden, entweder als Quartett mit den Staatsoberhäuptern Russlands und der Ukraine im sogenannten Normandie-Format, als Trio mit dem Vereinigten Königreich, um die Nuklearvereinbarung mit Iran zu bewahren, oder auch als Duo, um das Übereinkommen von Paris zu verteidigen, ohne welches dem Kampf gegen den Klimawandel weltweit nicht so viel Beachtung geschenkt worden wäre. Indem sie eine Libyen-Konferenz auf den Weg brachte, sich vollumfänglich dem Thema Westbalkan widmete und die deutsche Unterstützung für die Länder der Sahelzone verstärkte, hat die Bundeskanzlerin an unserer Seite einen bedeutenden Beitrag zur europäischen Diplomatie geleistet.

Diese Jahre zusammen mit Angela Merkel haben uns in der gemeinsamen Überzeugung bestärkt, dass wir nur als geeintes Europa die großen Herausforderungen dieses Jahrhunderts meistern können. Trotz der Unterschiede und der Schwächen beim europäischen Aufbauwerk liegt es in unserer Verantwortung, Schocks und Krisen gemeinsam zu begegnen, um die Bürgerinnen und Bürger zu schützen, und dafür müssen wir das europäische Projekt stärken. Seit meinem ersten Besuch in Berlin, am Tag nach meiner Amtseinführung, am 15. Mai 2017, haben wir uns über die dringende Notwendigkeit ausgetauscht, dieses weltweit einzigartige politische Projekt, diese Utopie, die Wirklichkeit geworden ist, weiter auszubauen. Weil die Bürgerinnen und Bürger unserer beiden Länder dazu aufriefen, im Mai in Frankreich und dann im September in Deutschland, das europäische Projekt aktiv weiterzuverfolgen, mussten wir eine Strategie entwickeln, um die Grundlagen einer wirklichen europäischen Souveränität zu festigen, ohne dass dieser Begriff bereits verwendet wurde.

Auf Schloss Meseberg – was könnte es für eine bessere Metapher für unsere Zusammenarbeit geben als dieses deutsche Schloss mit seinen Gärten im französischen Stil und seinem Mansardendach – haben wir die Wegmarken für eine neue Form der Souveränität gesetzt, der die Interessen der Völker Europas und der Schicksalsgemeinschaft, die wir für uns selbst gewählt haben, zugrunde liegen.

Schritt für Schritt, Projekt für Projekt haben wir sie erreicht, manchmal sogar übertroffen. Und sobald wir bei bestimmten Projekten genügend Fortschritte erzielt hatten, starteten wir neue, so wie in Brégançon im August 2020. Mit der Schaffung europäischer Universitäten, der Stärkung unserer Klimaziele, der Konsolidierung der Schlüsselsektoren für unsere Zukunft wie Wasserstoff, Digitalisierung, Batterien oder Weltraum, hat diese gemeinsame Vision allmählich Gestalt angenommen.

Auch als unser Kontinent von der Krise schwer getroffen wurde, hat die deutsche EU-Ratspräsidentschaft 2020 an ihrer Vorstellung von einem stärker geeinten, stabileren und umweltfreundlicheren Europa im Dienste der Europäer festgehalten. Sie tat dies in der Überzeugung, dass eine globale Antwort auf den Klimawandel nur möglich ist, wenn Europa dabei eine Vorbildfunktion übernimmt. Das ist kaum überraschend, wenn man bedenkt, dass die Umwelt ein vorrangiges Thema von Angela Merkel während ihrer gesamten politischen Laufbahn und fünf Jahre lang ihr Ministerressort war.

Da das deutsch-französische Paar die gleiche Vision von Europa und der Welt teilt, hat es von beiden Seiten des Rheins solide Brücken geschlagen, und so war es nur logisch, dass es sich an vorderster Front einer Pandemie entgegenstellte, die ohne Rücksicht auf Grenzen unser Leben erschütterte. Angela Merkels Pragmatismus, ihr kartesischer Geist – oder sollte ich vielleicht eher ihre kantische Logik sagen – waren in einer Zeit, in der alle Gewissheiten ins Wanken gerieten, von unschätzbarem Wert, denn ihr Glaube an die Wissenschaft ließ nie Raum für Skepsis oder Relativismus.

Es bedurfte nur weniger Monate, um auf der Grundlage unserer gemeinsamen Initiative vom 18. Mai 2020 unser europäisches Rettungspaket vom Juli 2020 zu schnüren. Während wir zum Schutz der Gesundheit ein Programm zum gemeinsamen Erwerb von Impfstoffen ins Leben gerufen haben, um sicherzustellen, dass die Mitgliedstaaten trotz des internationalen Wettbewerbs fair versorgt werden, mussten wir auch auf die Wirtschaftskrise reagieren, um unsere

Bevölkerungen zu unterstützen, unsere gemeinsame Währung zu schützen und den Zusammenbruch der verletzlichsten Volkswirtschaften zu verhindern.

Wir haben viele Stunden Seite an Seite in Brüssel verbracht, um eine neue Lösung für diese Herausforderung zu finden. Wir haben Tage und Nächte damit zugebracht, unsere Vorschläge zu präsentieren, die Schwierigkeiten jedes Einzelnen von uns zu berücksichtigen und unsere Partner von der Bedeutung eines wirksamen und geeinten europäischen Vorgehens zu überzeugen. Ob von Angesicht zu Angesicht, Seite an Seite oder über Bildschirme konnte ich mich immer wieder von Angela Merkels ruhiger Kraft, ihrer enormen Energie, kämpferisch, aber gelassen, überzeugen.

Unsere Bemühungen haben sich gelohnt und wir haben einen historischen Kompromiss besiegelt, der unsere Union wieder auf den Weg zu nachhaltigem und integrativem Wachstum gebracht hat, ohne dabei die Herausforderungen der Zukunft aus den Augen zu verlieren, vom Kampf gegen den Klimawandel bis hin zur digitalen Integration.

Angela Merkel hat angekündigt, dass sie am Ende ihrer vierten Amtszeit aus dem Amt scheiden wird, aber sie wird sicherlich nicht aus den Köpfen und Herzen der Europäer verschwinden, die sie weiterhin für das bewundern werden, für was sie heute steht: die Verkörperung eines hochmodernen Deutschlands, das fest in Europa verankert, weltweit engagiert und zukunftsgewandt ist. Angela Merkel hinterlässt uns eine Vorgehensweise – die des ständigen Dialogs – eine Ethik und das Bestreben nach einem geeinten Europa. Ihr Werdegang lehrt uns, wie man die größten Schwierigkeiten überwindet und mit hohen Ansprüchen und Zuversicht in die Zukunft unseres Kontinents blickt. Vielen Dank, Frau Bundeskanzlerin: Ihr Beispiel inspiriert uns, verpflichtet uns und lässt uns auf das Beste für Europa hoffen.

Wie Angela Merkel in den Krisen der EU zu einer großen Europäerin wurde

Von Ursula von der Leyen

Angela Merkel hatte es geschafft. Nach stundenlangen Verhandlungen hatten sich die Staats- und Regierungschefs der EU doch noch zu einem Kompromiss durchgerungen. Nachdem in den Wochen zuvor alle Versuche gescheitert waren, stand er nun – der Plan für den siebenjährigen Rahmenhaushalt für die EU.

»Wir haben eine gute Einigung für die europäische Zukunft getroffen«, sagt die Kanzlerin, als sie in der Gipfelnacht um drei Uhr morgens vor die Presse tritt. »Nach einer anfänglich doch sehr greifbaren Spannung hat sich ein Geist herausgebildet, der uns optimistisch stimmt, auch in Zukunft Probleme lösen zu können.«

Die deutsche Presse reagierte mit viel Lob für das Verhandlungsgeschick der deutschen Kanzlerin. Nur wenige Wochen nach ihrer Vereidigung war es Angela Merkel gelungen, den festgefahrenen Haushaltsstreit zwischen Tony Blair und Jacques Chirac zu lösen. Das war im Dezember 2005.

Es war ein Einstand nach Maß auf europapolitischem Parkett, eine Nacht, die ihr in Brüssel und den anderen EU-Hauptstädten sofort großen Respekt einbrachte. »Sie mauerte ihre Gegner mit Fakten ein, rang ein Argument nach dem anderen mit einem besseren Argument nieder und zwang so die Runde zur Zustimmung«, schreibt ihr Biograf Stefan Kornelius. Die *Financial Times* kürte die Gipfelnovizin sogar zur »Lady Europa«.

Diese Prognose sollte sich bewahrheiten: Seit jenem Gipfeltreffen im Dezember 2005 bestimmt Angela Merkel die Geschicke Europas mit wie kaum jemand sonst unter den Regierungschefs. Wie es der Zufall wollte, stand gegen Ende der Ära Merkel im Dezember 2020 erneut ein EU-Gipfel, bei dem es um schwierige Haushaltsfragen ging. Auch hier gelang die Einigung nicht zuletzt aufgrund des Engagements der Kanzlerin. Man habe sich »in gemeinsamer Anstrengung« verständigt, sagte die Kanzlerin danach fast schon routinemäßig. Dabei war nun der Weg frei für einen historischen Aufbruch: Mit dem Aufbauprogramm NextGenerationEU und dem mehrjährigen Haushaltsrahmen bringt Europa in einer gemeinsamen Kraftanstrengung insgesamt 1,8 Billionen Euro auf, um die wirtschaftlichen Folgen der Coronakrise zu kontern.

Wachsende Autorität von Gipfel zu Gipfel

Von Haushaltsgipfel zu Haushaltsgipfel, von Herausforderung zu Herausforderung – Angela Merkel hat in ihren 16 Jahren als Kanzlerin Europa geprägt, wie von deutscher Seite vorher wohl nur Konrad Adenauer und Helmut Kohl. Dabei setzte sie weniger auf große Reden oder visionäre Entwürfe über den idealen Endzustand Europas, im Gegenteil: »Ich halte wenig von diesen Finalitätsdebatten«, sagte die Kanzlerin im Mai 2009 in Berlin. »Sie tragen meines Erachtens eher dazu bei, dass die Bürgerinnen und Bürger kein echtes Vertrauen in die Europäische Union der Gegenwart entwickeln können.«

Die Kanzlerin dagegen sorgte für Vertrauen, indem sie Europa erfolgreich durch die Krisen der vergangenen Jahre steuerte – umsichtig und abwägend, am Ende aber bestimmt und vor allem – erfolgreich. Angela Merkel hat Europa in schwierigen Zeiten zusammengehalten. Das ist ihr großes Verdienst. Wenn Europa sich über die Jahre als deutlich krisenfester erwiesen hat, als viele Kritikerinnen und Kritiker jemals erwartet hätten, dann hat daran kaum jemand größeren Anteil als Angela Merkel.

Ich würde Angela Merkel ohne zu zögern als große Europäerin beschreiben. Mit ihrem Verhandlungsgeschick und ihrer Ernsthaftigkeit brachte sie genau das mit, was Europa in den vergangenen Krisenjahren brauchte.

Auch wenn die Wogen noch so hochschlugen – bei EU-Gipfeltreffen blieb die Kanzlerin stets der ruhende Pol. Als Ministerin habe ich Angela Merkel in vielen langen Verhandlungsnächten erlebt, aber auch in kraftzehrenden Richtungsdebatten auf nationaler und internationaler Ebene. Angela Merkel geht beharrlich und mit strategischer Geduld vor. Und stets mit großer Ernsthaftigkeit und Sachlichkeit. Nie verliert sie im Getümmel Ziel oder Horizont aus den Augen.

Auch auf europäischer Ebene weiß sie genau, bei welchem Amtskollegen wann Wahlen anstehen oder ob es sonst Umstände gibt, auf die sie Rücksichten nehmen muss.

Auch kleinere Partner spüren und schätzen diese Sensibilität, das ehrliche Interesse und ihr stets offenes Ohr für alle Belange. Wie keine Zweite setzte sich die Kanzlerin beispielsweise dafür ein, die Beitrittsperspektive für die Länder des Westbalkans und vor allem für Nordmazedonien aufrechtzuerhalten. Für den von ihr 2014 initiierten Berliner Prozess ist man ihr auf dem Westbalkan noch immer dankbar.

Dank ihres Detailwissens erkennt Angela Merkel früh, wenn sich politische Fenster auftun, weil scheinbar konkurrierende Interessen sich plötzlich überschneiden oder Mehrheiten zu kippen beginnen. Selbst politische Gegner zollen Angela Merkel Respekt für ihre Fairness. Ganz gleich, wie hart hinter verschlossenen Türen gerungen wird, Angela Merkel achtet immer darauf, dass ihr Gegenüber erhobenen Hauptes den Raum verlassen und den Kompromiss bei seinen Landsleuten verkaufen kann.

All das half ihr in Europa. Ihre Autorität wuchs von Gipfel zu Gipfel. Französische Präsidenten, österreichische Kanzler und britische Premiers kamen und gingen – Merkel blieb. Ich kann das selbst beobachten, seit ich an den Sitzungen des Europäischen Rats teilnehme: Wenn die Kanzlerin spricht, sind alle anderen Staats- und Regierungschefs im Saal. Und alle hören zu.

Die Krise als Normalfall

Richtschnur von Angela Merkels Handeln, ihre Motivation, war dabei stets das Wohl Deutschlands, so, wie es ihrem Amtseid entspricht. Allerdings wusste Angela Merkel – ganz in der Tradition der deutschen Kanzler –, dass das Wohl Deutschlands mit dem Wohl Europas untrennbar verbunden ist, dass die europäische Einigung Teil deutscher Staatsräson ist. Angela Merkel sagte es so: »Deutschland kann es nur gut gehen, wenn es Europa gut geht.« Diesen Satz nutzte sie, in verschiedenen Variationen, immer wieder, in der Eurokrise und während der Pandemie. Es ist dieser Satz, der die Motivation für Angela Merkels europapolitisches Engagement in den vergangenen Jahren am besten zusammenfasst.

Wie wir gesehen haben, konnte Angela Merkel ihre Fähigkeiten in Europa von erster Minute an zur Geltung bringen. Was Europa anging, war ihre Kanzlerschaft eine Krisenkanzlerschaft. Seit der durch die Lehman-Pleite ausgelösten Finanzkrise kam der Kontinent nicht mehr zur Ruhe. Das Rettungsdrama vom Herbst 2008 wurde zum Vorspiel für die Staatsschuldenkrise, mit der Europa ab 2010 zu kämpfen hatte. Die Finanzmärkte legten die Schwachstellen im Bauplan des Euro schonungslos offen. Im Sommer 2015 stand Griechenlands Mitgliedschaft im Euro auf der Kippe. Es folgten die Migrationskrise, der Brexit und dann die Pandemie, ein Sturm, der noch einmal alles Dagewesene in den Schatten stellte.

Auch die beiden Ratspräsidentschaften, die Angela Merkel als Kanzlerin gestaltete, standen im Zeichen der Krise. Im zweiten Halbjahr 2020 übernahm Deutschland den Vorsitz inmitten der Pandemie – mit allen Schwierigkeiten, die es auch ganz praktisch mit sich brachte, wenn Videokonferenzen persönliche Treffen ersetzen.

Auch Anfang 2007, bei Angela Merkels erster Ratspräsidentschaft, herrschte in Europa Krisenstimmung. Die Erinnerungen an die verlorenen Volksabstimmungen über den EU-Verfassungsvertrag in Frankreich und in den Niederlanden waren noch frisch. 50 Jahre nachdem die sechs Gründerstaaten die Römischen Verträge unterzeichnet hatten, war der EU-Integrationsmotor ins Stocken geraten. »Viele Europäerinnen und Europäer in allen Mitgliedstaaten sind manchen europapolitischen Schritt sozusagen geistig nicht mitgegangen«, sagte die Kanzlerin damals. »Die Vorteile der Europäischen Union, die für jeden täglich spürbar sind, können grundsätzliche Zweifel nicht ausräumen.«

Doch Angela Merkel ließ sich von diesen Zweifeln nicht anstecken. Sie verstand es, Europa in dieser festgefahrenen Situation neuen Schwung zu geben. In der sogenannten Berliner Erklärung zum Jubiläum beschwor sie die Einheit der Europäer (»Wir Bürgerinnen und Bürger der Europäischen Union sind zu unserem Glück vereint«). Gleichzeitig legte sie in diesem ersten Halbjahr 2007 die Grundlagen dafür, dass wichtige Inhalte des gescheiterten Verfassungsvertrages im Lissabon-Vertrag Berücksichtigung fanden, der am 13. Dezember 2007 unterzeichnet wurde.

Der Ausbau der europäischen Institutionen – eine Frage des Vertrauens

Der Lissabon-Vertrag ist eines von vielen Beispielen, die zeigen, wie sehr sich das Europa in der Zeit von Angela Merkels Kanzlerschaft verändert hat. Die Europäische Union hat in diesen Jahren eine gewaltige Entwicklung durchgemacht. Dass sich schwierige Situationen immer wieder auch als Motor für mehr Integration und engeres Zusammenwachsen erwiesen, war auch ein Verdienst der Kanzlerin.

Inzwischen werden Europas Interessen in der Welt von einem europäischen Auswärtigen Dienst vertreten, eine Institution, die noch gar nicht existierte, als Angela Merkel Kanzlerin wurde.

Heute gibt es den Euro-Rettungsschirm ESM und eine Europäische Bankenaufsichtsbehörde. Das Europaparlament wiederum ist heute bei fast allen wichtigen Themen Mitentscheider und diskutiert über das Für und Wider einer Gesundheitsunion, ein Themenbereich, bei dem Brüssel bislang so gut wie keine Kompetenzen hat, wie die Pandemie offenlegte. Dann ist da das Aufbauprogramm

NextGenerationEU, für das die EU-Kommission erstmals in großem Umfang am Kapitalmarkt Geld aufnimmt, um so die wirtschaftlichen Folgen der Krise zu kontern. Und schließlich, auch das ist neu, gibt es nun zum ersten Mal in der Geschichte eine Frau an der Spitze der EU-Kommission.

Ohne Angela Merkel wären viele dieser Entwicklungen nur schwer möglich gewesen, zu mancher Veränderung wäre es wohl gar nicht gekommen.

In der Eurokrise wurde Angela Merkel neben dem Präsidenten der Europäischen Zentralbank (EZB) Mario Draghi zur zentralen Akteurin – mit allen Konsequenzen. Vor allem einige Politiker und Medien im Süden Europas warfen der deutschen Kanzlerin vor, sie verfolge einen unbarmherzigen Sparkurs. Angela Merkel galt als die Frau, die Griechenlands Regierung die verhasste Troika auf den Leib schickte. Die Kanzlerin wurde mit Hitlerbärtchen dargestellt oder als strenge Zuchtmeisterin Europas. Dieses Aufblitzen alter Ressentiments zeigte, wie delikat die Sonderrolle Deutschlands in der EU noch immer ist. Dabei war es Angela Merkel, die auf Zusammenhalt setzte, als der nahende griechische Staatsbankrott die Gemeinschaftswährung insgesamt gefährdete. Nicht selten schaute die Kanzlerin mit den Augen einer Ostdeutschen auf die Krise, beobachtete ihr Biograf Kornelius. »Sie hatte den Zusammenbruch eines Systems erlebt und wollte Europa diese Erfahrung ersparen.«

Auch die zum Teil aufgeheizten Debatten, die zur selben Zeit im Bundestag stattfanden, übersahen Angela Merkels Kritiker geflissentlich. Im deutschen Parlament ließ die Kanzlerin nicht locker, als es darum ging, ihre Mal für Mal skeptischeren Parteifreunde von neuen Rettungspaketen oder Rettungsschirmen wie dem ESM zu überzeugen. Europapolitik wurde endgültig zur Innenpolitik. Ich habe das als Bundestagsabgeordnete und Mitglied ihrer Regierungsmannschaft hautnah miterlebt. Im Bundeskabinett gehörte Europa seit der Ratspräsidentschaft 2007 sowieso zu den festen Tagesordnungspunkten.

Angela Merkel war sich der Verantwortung, die auf Deutschland wegen seiner Geschichte, aber auch seiner Wirtschaftsstärke ruht, zu jeder Zeit bewusst. »Scheitert der Euro, scheitert Europa«, lautete die Formel, die sie in ihrer Regierungserklärung am 26. Oktober 2011 im Bundestag gebrauchte. Es war Angela Merkels Version des »Whatever it takes«, mit dem EZB-Präsident Mario Draghi Juli 2012 in London für Vertrauen an den Finanzmärkten sorgen sollte. Einige, wie der ehemalige Eurogruppen-Chef Jeroen Dijsselbloem meinen sogar, Merkels Beitrag sei am Ende entscheidend gewesen. »Erst als die deutsche Bundeskanzlerin ein paar Tage nach Draghis Ansage klarmachte, dass sie den Kurs des EZB-Präsidenten unterstütze, glaubten die Märkte an die Entschiedenheit der Europäer«, erinnert er sich.

Die Kritik an den Sparauflagen für Länder, die mit Krediten aus den Euro-Rettungsfonds gestützt wurden, war oft ätzend und für die Kanzlerin auch persönlich verletzend. Nachdem die Wirtschaft in den ehemaligen Programmländern wie Portugal und Spanien wieder anzog, ist sie heute jedoch weitgehend verhallt.

Für Angela Merkel war die Rettung des Euro und das Festhalten an Griechenlands Mitgliedschaft nicht nur eine ökonomische Frage. Sie dachte dabei auch in historischen Linien. Europa, so sagte sie es einmal, habe Deutschland im Zuge der Wiedervereinigung viel Vertrauen entgegengebracht. »Deshalb liegt es auf der Hand, dass Deutschland als größte Volkswirtschaft Europas eine besondere Verantwortung für unseren Kontinent hat.«

Aus Europa wird eine Herzensangelegenheit

Angela Merkels Kompass für Deutschland in Europa war stets klar. Das bedeutet jedoch nicht, dass Merkel nicht bereit war, ständig dazuzulernen. Ein gutes Beispiel dafür ist, wie sich ihr Blick auf die Brüsseler Institutionen verändert hat.

In ihrer Rede vor dem Europakolleg in Brügge wies Angela Merkel im November 2010 darauf hin, dass die Kommission und das Europäische Parlament kein Monopol auf Europa hätten. Stattdessen pochte sie auf die Rolle der Mitgliedstaaten. »Eine Lösung ist ja nicht automatisch und allein dadurch besser, dass sie durch die EU-Organe herbeigeführt oder ausgeführt wird«, so die Kanzlerin.

Merkels Blick auf Brüssel war zu dieser Zeit von der Eurokrise geprägt, Griechenland war bereits ein Problemfall, noch im November sollten Irland und Portugal Hilfe der Gemeinschaft erbitten. Es war die Zeit der Regierungschefs. Die Dynamik der Eurokrise führte Richtung Nationalstaat. Angela Merkel hielt diesen Weg damals für schneller und gangbarer als den Weg über die Brüsseler Institutionen.

Doch ihr Blick auf Brüssel änderte sich. Eine wichtige Rolle mögen dabei der Brexit und die Wahl Donald Trumps zum US-Präsidenten gespielt haben. »Der doppelte elektorale Anschlag auf die internationale Ordnung hat die Bundesrepublik wachgerüttelt und die geopolitische Verwundbarkeit des Landes sichtbar gemacht«, beobachtet der Historiker Luuk van Middelaar. Angela Merkel selbst sagte es im Mai 2017 in einem Bierzelt im Münchner Stadtteil Trudering so: »Die Zeiten, in denen wir uns auf andere völlig verlassen konnten, die sind ein Stück vorbei. Das habe ich in den letzten Tagen erlebt. Und deshalb kann ich nur sagen: Wir Europäer müssen unser Schicksal wirklich in unsere eigene Hand nehmen.« Die Aussage der Kanzlerin nach einem enttäuschend verlaufenen G7-Treffen ging um die Welt.

In den Zeiten von Trump und Brexit wurde der europäische Verbund für Deutschland noch wichtiger. Merkel spürte das. Als die EU-Kommission im Frühjahr 2020 an einem milliardenschweren Wiederaufbauprogramm arbeitete, das später den Namen NextGenerationEU bekommen sollte, stellte sich Angela Merkel hinter die Überlegungen, die es der Kommission erlauben sollten, erstmals in diesem gewaltigen Umfang Geld aufzunehmen.

»Deutschland kann es auf Dauer nur gut gehen, wenn es Europa gut geht« – in der Pandemie bekam dieser Satz der Kanzlerin aus der Eurokrise eine noch eindringlichere Bedeutung. Doch anders als in der Eurokrise setzte Angela Merkel dieses Mal auf die Institutionen der Gemeinschaft.

Gemeinsam mit Frankreichs Präsident Macron stellte sie Zuschüsse in Höhe von 500 Milliarden Euro in Aussicht. Angela Merkel wollte der Kommission und deren bereits ausgearbeiteten Plänen mit diesem Vorstoß Flankenschutz geben. Und in der Tat: Dass ausgerechnet Deutschland eine gemeinsame Kreditaufnahme im Kampf gegen die Coronakrise in diesem Umfang möglich machte, war ein starkes Signal an jene Länder, die diesem Vorschlag kritisch gegenüberstanden.

Für Deutschland war diese Haltung, um ein weiteres Wort Angela Merkels zu benutzten, alternativlos. Das galt vor allem wirtschaftspolitisch. Da es sich das wirtschaftlich starke Deutschland leisten konnte, seine Unternehmen mit großzügigen Beihilfen am Leben zu halten, drohte die Pandemie die ohnehin schon erheblichen Unterschiede zu anderen EU-Mitgliedern weiter zu verschärfen. Für Deutschland verhieß dieses Szenario wenig Gutes. Immerhin ist Europa Deutschlands größter Exportmarkt. Angela Merkel hat das natürlich verstanden.

Das Vertrauen in die Kommission als Organisator des Programms war ebenfalls da. Dabei mag geholfen haben, dass inzwischen ein ehemaliges Kabinettsmitglied an die Spitze der EU-Kommission gerückt war und man sich gut kannte. Während der deutschen Ratspräsidentschaft telefonierten Angela Merkel und ich regelmäßig am Sonntagabend, um Themen und Vorgehen in der kommenden Woche abzustimmen.

Es ist bekannt, dass Angela Merkels Blick auf den Westen nach dem Fall der Mauer eher in Richtung USA ging als in Richtung der EU. Anders als Helmut Kohl oder Wolfgang Schäuble war Angela Merkel eben nicht in Frankreichs Nachbarschaft aufgewachsen – sondern hinter dem Eisernen Vorhang.

Doch auch wenn es zunächst keine Herzensangelegenheit war – Angela Merkel zweifelte nie daran, dass es richtig war, sich für Europa einzusetzen. »Wir produzieren noch etwa 25 Prozent des Weltbruttosozialprodukts – für nur sieben Prozent der Bevölkerung ist das gut«, sagte sie 2014 bei der Industrieländerorganisation OECD in Paris. »Aber wir haben auch annähernd 50 Prozent der weltweiten Sozialausgaben. Das zeigt, vor welcher Herausforderung wir stehen.«

Europa als Schutzschirm, als Möglichkeit, in einer Welt, in der sich die Gewichte zulasten der einzelnen EU-Mitglieder verschieben, eine Rolle zu spielen, das war die Begründung für die EU, die sich Angela Merkel logisch herleitete – und an der sie nie zweifelte. »Europa nimmt uns keine Handlungsmöglichkeiten«, sagte sie zuletzt erneut zum Start der deutschen Ratspräsidentschaft 2020 im Europäischen Parlament. »Sondern in einer globalisierten Welt gibt Europa uns erst welche.«

Nüchterne Interessen können eine tragfähige Grundlage für eine langjährige Beziehung sein – und im Falle Angela Merkels und der EU waren sie das auch. Allerdings wurde in den späteren Jahren von Angela Merkels Kanzlerschaft immer deutlicher, wie sehr Europa für sie doch noch zu einer Herzensangelegenheit wurde.

Erneut hilft der Blick auf eine Pressekonferenz in Brüssel, erneut ringen die Staats- und Regierungschefs um den mehrjährigen EU-Haushalt, erneut gingen Merkels Auftritt stundenlange, zum Teil schwierige Verhandlungen voraus.

Es ist der Vormittag des 11. Dezember 2020. Bis zuletzt hatte es so ausgesehen, als könnte eine Einigung am Widerstand einiger Länder gegen den sogenannten Konditionalitäts-Mechanismus scheitern, mit dem das EU-Budget künftig vor systemischen Verstößen gegen rechtstaatliche Prinzipien geschützt werden soll.

Am Ende nehmen das EU-Budget und das Wiederaufbauprogramm NextGenerationEU in Brüssel die letzte Hürde. Als die Einigung steht, tritt Angela Merkel im Ratsgebäude vor die Presse, die digital zugeschaltet ist. Ich stand mit ihr auf der Bühne im Pressesaal. »Das war ein Riesenstück Arbeit«, sagte die Kanzlerin.

Und dann fügt sie hinzu: »Ich will sagen, mir ist ein Stein vom Herzen gefallen.«

Zwischen dem Kampf der Kulturen und Globalisierung

Von Andrea Riccardi

Angela Merkel war von 2005 bis 2021 Kanzlerin der Bundesrepublik Deutschland. Sie hat einen bedeutenden Einfluss auf die internationale Gemeinschaft und vor allem auf die Dynamik und die Entscheidungen der Europäischen Union ausgeübt. Diese Zeit war stark durch einen Prozess der fortschreitenden Globalisierung geprägt. Das gesamte politische Leben Merkels spielte sich im Rahmen der globalen Welt ab. Mit dem Ende des Kalten Krieges begann jene Globalisierung, die erst allmählich ins Bewusstsein sickerte, trotz ihres revolutionären Charakters für Politik, Wirtschaft, Kommunikation und die Beziehungen zwischen Menschen, Völkern und Staaten. Die führenden Schichten erfassten diese neue Dimension der Welt nur mit Mühe, ausgehend von den konkreten Auswirkungen auf das Leben der Bürger, die die Parameter der Existenz veränderten. Dies hoben viele Wissenschaftler hervor, darunter besonders der englisch-polnische Autor Zygmunt Bauman und der Franzose Alain Touraine.

Die globale Welt zeichnet sich aus durch eine zunehmende Bevölkerungswanderung und das Ende von ethnisch und religiös homogenen Ländern. Die Migration verändert uns: Neue Sprachen sind zu hören, man begegnet anderen menschlichen Charakteren und verschiedenen Religionen. Die globale Welt hat die Identität von Ländern infrage gestellt, die jahrhundertelang immer homogen waren. Ein Beispiel für ein solch homogenes Land ist Italien im 20. Jahrhundert – es war durchgehend weiß und katholisch. Sogar die kleine evangelische Minderheit war dort während des Faschismus schikanösen Maßnahmen ausgesetzt. Von 1938 an wurden die Juden durch das Regime diskriminiert und ab 1943 von den Nationalsozialisten mit Unterstützung der Faschisten deportiert und vernichtet. Heute ist Italien ein gemischtes Land wie die anderen europäischen Länder: Es beherbergt etwa fünf Millionen Einwanderer bei mehr als 60 Millionen Einwohnern.

In der ganzen Welt löst der Kontakt mit neuen ethnischen und religiösen Gruppen unter der Bevölkerung oft Angst aus, weil es den Anschein hat, dass dieser die Welt verändert oder das Ende der eigenen Welt bedeutet. In gewisser Hinsicht zeigt sich hier das, was der rumänische Religionshistoriker Mircea Eliade die »Angst vor der Geschichte« nannte. Die Reaktion der Massen auf die Strömungen der globalen Welt oder der Geschichte führen dazu, die Türen zu verschließen – eine instinktive Reaktion, jedoch ungeeignet für die Herausforderungen einer Gesellschaft, die eine bessere Zukunft anstrebt. Dies ereignet sich in einer Zeit, in der die Erinnerung an die Welt von gestern verblasst ist, die von der Vermischung der Bevölkerung und der Migration geprägt war. Unsere Gesellschaft ist vergesslich, sie hat die Geschichte ausradiert und verwechselt die momentane Emotion mit der Wahrheit der eigenen Positionen. Hier zeigt sich das »Ende des Geschichtsbewusstseins«, wie Papst Franziskus in der Enzyklika »Fratelli tutti« schreibt.

Was die Geschichte angeht, waren die Gesellschaften nicht immer von Homogenität geprägt, im Gegenteil. Im Mittelmeerraum, am südlichen und vorwiegend muslimischen Ufer, gab es plurale Regionen, wo neben der muslimischen Mehrheit christliche und jüdische Gemeinschaften lebten. Ein schönes Buch von Martin Pollack beschreibt die Welt der Ostukraine zwischen dem 19. und 20. Jahrhundert: »Galizien. Eine Reise durch die verschwundene Welt Ostgaliziens und der Bukowina«; sie ist aus vielen Gründen, darunter auch die Schoah, untergegangen: Polen und Deutsche, Ruthenen, das heißt Ukrainer, Juden, winzige Völker mit unbekannten Namen wie die Huzulen, aber auch Roma und Rumänen. Der Schriftsteller

Claudio Magris beschreibt dies als ein »Babel vieler Völker, zahlloser und faszinierender Verschiedenheiten«, »ein unerschöpfliches, wunderbares und erbärmliches Universum, verschieden wie das Leben selbst oder vielleicht auch mehr, doch bisweilen auch wild wie das Leben«. Das Zusammenleben zwischen verschiedenen Ethnien und Religionen war Babel, mit seinen dunklen und faszinierenden Seiten. Die Welt war zum großen Teil so. Durch das Aufkommen der Nationalstaaten zwischen dem 19. und dem 20. Jahrhundert trat ein Prozess der Homogenisierung der Nationen ein, bisweilen durch Assimilation, durch Migration und durch Blutvergießen, gleichsam aus Furcht vor »Babel«, nämlich davor, dass der Pluralismus die nationale Einheit infrage stellt.

Die globale Welt hingegen steht heute vor einem bisher nicht gekannten Zusammenleben. Dort wo die Homogenität zwangsläufig schien, fanden große Veränderungen statt. Während seines Besuchs in Abu Dhabi, wo er das wichtige »Dokument über die Brüderlichkeit aller Menschen« gemeinsam mit dem Großimam der Al-Azhar-Universität Al-Tayyib unterzeichnete, feierte Papst Franziskus mit 200 000 als ausländische Arbeitskräfte in den Vereinigten Arabischen Emiraten lebenden Christen die Eucharistie, in einem bis gestern noch völlig muslimischen Land. Im muslimischen Saudi-Arabien, wo jeder nichtmuslimische Kult verboten ist, leben mehr als eine Million Christen (die keine saudischen Staatsbürger sind, sondern Einwanderer ohne Religionsfreiheit). Alles bewegt sich, auch was das Religiöse betrifft: Die Völker sind in Bewegung und es entsteht ein neues Zusammenleben in der ganzen Welt.

Ist es möglich, zusammenleben?

Die Frage, die sich bei einem solchen Miteinander stellt, lautet: Wie ist es möglich, zusammen zu leben? Diese Frage betrifft die Gesellschaft, aber auch die Beziehungen zwischen Völkern, Kulturen und Staaten. Auch weil sich dank der sozialen Medien Welten, die sich fern sind, einander annähern. In religiöser Hinsicht kann man im

Westen islamische Radikalisierungsprozesse über die sozialen Medien beobachten. Doch auch der christliche Glaube wird, besonders durch die Neoprotestanten, in nichtchristlichen Regionen verbreitet. Wie kann man zusammenleben? Wie können Konflikte, die die kulturelle, ethnische und religiöse Verschiedenheit mit sich bringt, vermieden werden?

In den 1990er Jahren stellte der amerikanische Wissenschaftler Samuel P. Huntington in einem Aufsatz 1993 und sodann in einem Buch 1996 eine These vor: die vom Clash of Civilizations, dem Kampf der Kulturen. Dieser Begriff sollte in den darauffolgenden Jahren große Verbreitung finden und scheint ursprünglich von dem britisch-amerikanischen Orientalisten Bernard Lewis herzurühren. Nach dieser These wird die Ursache für Konflikte in der Zukunft nicht in den politisch-ideologischen Unterschieden, sondern in den Kulturen und Religionen liegen, denen die Völker sich zugehörig fühlen. Diese These wurde auch auf das Leben innerhalb der verschiedenen Länder angewandt, so dass Amara Lakhous, ein Autor algerischer Herkunft mit italienischer Staatsbürgerschaft, im Jahr 2006 einen Roman veröffentlichte mit dem Titel: »Scontro di civiltà per un ascensore a Piazza Vittorio« (»Kampf der Kulturen wegen eines Aufzugs an der Piazza Vittorio« – ein römischer Platz, der auch von Einwanderern bewohnt wird).

Huntington, dessen Buch auch in den Golfstaaten großen Erfolg hatte, sagte etwas, was viele hören wollten: dass es schwierig sei, in der Komplexität der globalen Gesellschaft zu leben, und dass einige Religionen und Kulturen, besonders die islamische, eine Neigung zum Konflikt hätten. Die schrecklichen Attentate des 11. September 2001 schienen die These vom Konflikt zwischen der westlichen und christlichen Kultur und der muslimischen Welt, oder jedenfalls einem Teil von ihr, zu bestätigen. Diese These hat die bereits bestehende Angst vor den Migrationsflüssen nach Europa verstärkt, mit der Furcht davor, dass die Anwesenheit von Nichteuropäern, vor allem von Muslimen, die Identität der europäischen Länder in eine Krise bringen würde. Diese Furcht ist uralt und wird durch den angeblichen oder realen Konflikt zwischen dem Westen und dem Islam verstärkt. Bei einem solchen Konflikt, so wird befürchtet, würde die Präsenz von muslimischen Migranten zur Unmöglichkeit des Zusammenlebens führen, und sie wären vor allem die fünfte Kolonne für die islamische Eroberung Europas. Diese Position wird mehr oder weniger von den populistischen Parteien in Europa vertreten.

Wenn der islamische Terrorismus Europa nicht erobern kann, wird jedenfalls die »demografische Bombe« der Muslime dafür sorgen. Dies beklagte die bekannte italienische Journalistin Oriana Fallaci, die von Eurabia spricht, einer Herrschaft, die sich auf unserem an Werten und Glauben leeren Kontinent entwickele. Diese These wurde in dem russischen Roman »Die Moschee Notre-Dame: Anno 2048« von Jelena Tschudinowa geäußert. Darin wird das Paris des Jahres 2047 beschrieben, das von Muslimen beherrscht wird und in dem sich die Christen in einer Ghettosituation befinden. Michel Houellebecq schilderte 2015 in dem Roman »Unterwerfung« den Sieg einer muslimischen Partei bei den französischen Wahlen im Jahr 2022, mit der Einführung einer gemäßigten Scharia.

Für viele erschien die Theorie vom Kampf der Kulturen in ihren verschiedenen Deklinationen eine zu vereinfachende und dramatisierende Lösung vor dem Hintergrund der Komplexität der globalen Welt. Johannes Paul II. rief im Jahr 2002, nach den Attentaten vom 11. September, in der Stadt des Heiligen Franziskus die Oberhäupter der Kirchen und der großen Religionen zum gemeinsamen Gebet für den Frieden und die Befreiung vom Terrorismus zusammen. Eine ähnliche Einladung hatte er bereits im Jahr 1986 zum ersten Mal ausgesprochen, womit das begann, was später »Geist von Assisi« genannt wurde. Auch eine große muslimische Delegation war anwesend. Die interreligiösen Treffen im Geist von Assisi wurden Jahr für Jahr in verschiedenen europäischen Städten fortgesetzt. Dort versammelten sich unterschiedliche religiöse Vertreter, um nebeneinander zu beten und miteinander Debatten zu führen in der Absicht, jeden Konflikt im Namen Gottes abzulehnen und ein Klima zu schaffen, welches das Zusammenleben fördert.

Im Jahr 2002 veröffentlichte der Oberrabbiner des Commonwealth, Jonathan Sacks, das Buch »The Dignity of Difference«. Darin wies er die These vom Kampf der Kulturen zurück und fragte sich, wie Menschen mit radikal verschiedenem Glauben friedlich zusammenleben können. In seinen Schriften, darunter auch im letzten Buch vor seinem Tod, das gleichsam ein Testament war, »Morality: Restoring the Common Good in Divided Times«, entwickelte er eine humanistische Sichtweise, die im Judentum verwurzelt ist und bei der sich die Verschiedenheiten im Dialog und im miteinander geteilten Leben begegnen. Der Verfasser dieser Zeilen fragte 2006 in seinem Buch »Convivere« (Titel der deutschen Übersetzung: »Die Kunst des Zusammenlebens«) nach der Komplexität des Zusammenseins von verschiedenen Menschen in der globalen Gesellschaft und sprach sich für die schrittweise Verwirklichung einer Kultur des Zusammenlebens in einer Zeit der Verflechtung zwischen verschiedenen kulturellen, religiösen und ethnischen Universen aus.

Die Kanzlerin der Globalisierung

Im globalen Zeitalter hat sich, auch durch die sozialen (und oft so »asozialen«) Medien, die Politik immer weiter von der Kultur entfernt. Im Allgemeinen fehlt eine Zukunftsvision, während besonders in der Politik, aber nicht nur dort, oft emotionale Konflikte eine Rolle spielen, die auch den Populismus befördern. Die heutige Welt ist vereint, was den Markt, die Information und die Kommunikation betrifft, doch es herrscht eine spirituelle und menschliche Leere. Diese Leere begünstigt unter anderem die Instrumentalisierung der Religion mit dem Ziel, individuelle Identitäten oder sogar Konflikte zu stärken. Die Religionen haben die Herausforderung der Globalisierung nur zum Teil oder bisweilen überhaupt nicht aufgegriffen. Damit ist nicht gemeint, dass sie sich vereinheitlichen müssten, doch die globalen Dimensionen erfordern Dialog und Bindungen, die gestern noch unnötig erschienen.

Die Regierungszeit von Kanzlerin Merkel von 2005 bis 2021 war geprägt von Debatten über die hier aufgezeigten Problematiken, unter denen die Frage der neu angekommenen Flüchtlinge und Migranten in Deutschland und in Europa einen besonderen Rang einnahm. Dies zeigte sich auch bei meinen Begegnungen mit der Kanzlerin gemeinsam mit anderen Vertretern der Gemeinschaft Sant'Egidio, beginnend mit dem Treffen in Berlin 2008 und zu anderen Gelegenheiten, darunter ihr Besuch am Hauptsitz der Gemeinschaft in Rom im Februar 2015. Dabei sprach sie unter anderem über die Flüchtlinge und den Frieden. Sie sagte damals: »Europa hat sich in all den Jahren des friedlichen Zusammenlebens daran gewöhnt, dass Frieden und Freiheit etwas scheinbar Selbstverständliches sind. Wir müssen aber lernen, dass dafür immer wieder gekämpft werden muss. Der Blick auch über Europa hinaus auf die Welt zeigt uns das sehr schnell. Wir erleben in diesem 21. Jahrhundert, dass wir die Augen vor Konflikten nicht verschließen dürfen. Jedes Problem, das wir nicht zu lösen helfen, wird auch ein Problem für uns. Wir sehen das im Augenblick auch an den Migrationsströmen.«

Während der Unterredung mit der Kanzlerin hatten wir über Syrien gesprochen und Geschichten von syrischen Flüchtlingen erzählt, die sie als »schrecklich« und »unerträglich« bezeichnete. In jenem Jahr 2015 stellte sich das dramatische Problem der Aufnahme von syrischen Flüchtlingen, die Opfer des Krieges in ihrem Land waren, das Mittelmeer überquerten und in die Balkanstaaten kamen. In diesem Zusammenhang entschied sich die Kanzlerin am 4. September 2015 trotz innenpolitischer Schwierigkeiten, die Flüchtlinge, die nach Ungarn und Österreich gelangt waren, nach Deutschland einreisen zu lassen, was von einem Teil der öffentlichen Meinung als Abweichung von der Dublin-Verordnung gesehen wurde. Sie hatte die bombardierte Stadt Aleppo und das vom Krieg zerstörte Syrien vor Augen. Der Entscheidung ging eine Rede voraus, aus der das Verantwortungsbewusstsein der Politikerin eines großen Landes sprach, in

dem die Entscheidungen nicht nur von den eigenen Interessen dik-
tiert werden konnten, sondern sich auch von einer Vision leiten lassen sollten. Sie sagte: »Deutschland ist ein starkes Land. Das Motiv,
mit dem wir an diese Dinge herangehen, muss sein: Wir haben so
vieles geschafft – wir schaffen das!« Die Aufnahme der Flüchtlinge
wurde von wichtigen integrationspolitischen Maßnahmen begleitet.

Ich möchte nicht näher auf die positiven und negativen Reakti-
onen der öffentlichen Meinung in Deutschland auf die Aufnahme
der Syrer eingehen. Doch ich möchte betonen, dass die Krise des
Jahres 2015 eine andere Sicht der Bedeutung der Nation und der
Europäischen Union in Osteuropa und besonders in Ungarn, aber
auch in Polen, Kroatien und Slowenien sichtbar gemacht hat. Die
Weigerung, Flüchtlinge aufzunehmen, war nicht nur von harten
Abschiebemaßnahmen an den Grenzen begleitet – in manchen Fällen wirklich sehr hart für einen Rechtsstaat –, sondern auch von
der neuerlichen Berufung auf die nationale, europäische, christliche und traditionelle Identität, die es vor der »islamischen Inva-
sion« zu verteidigen gelte. Die Christen selbst unterstützen und fördern einerseits die Aufnahme von Flüchtlingen, während andere
christliche Kreise, besonders in Osteuropa, die nationale Identität
verteidigen.

Bei solchen politisch-ideologischen Manövern wird das Christentum zu einem Element der Identität, während die populistische
Propaganda das Brüsseler Europa als unfähig zur Unterstützung
traditioneller Werte darstellt. Am 7. Oktober 2015 antwortete die
Kanzlerin im europäischen Parlament deutlich und regte auch eine
größere Einheit der Union bezüglich der Flüchtlinge und des Einsat-
zes für den Frieden, besonders in Syrien, an: »Abschottung und Ab-
riegelung im Zeitalter des Internets sind eine Illusion. Kein Problem
wäre gelöst, sondern zusätzliche entstünden, denn die Bindung an
unsere Werte ginge verloren und damit unsere Identität.«

Die Verantwortung Europas in der Welt ist für Merkel eine zentrale Sorge, die jedoch einen größeren Zusammenhalt der Union erfordert. Kriege wie der in Syrien, der länger dauert als der Zweite

Weltkrieg, die Flüchtlinge und Migranten und die Entwicklung in Afrika sind die Hauptthemen, die im Dialog mit Sant'Egidio eine Rolle spielten. Immer wurde betont, dass man mehr wagen müsse und dass dafür mehr Europa nötig sei.

Merkel, auch wenn sie von der »Laizität« der Politik überzeugt ist, die ihre Entscheidungen auf verantwortliche und realistische Weise trifft, orientiert sich an einer Vision. Hier haben das Christentum und die Religionen ihren Ort. Merkels Europa verdrängt die religiöse Dimension nicht. Diese Dimension stellt sich den globalen Herausforderungen und den neuen Verantwortlichkeiten, die diese zwangsläufig mit sich bringen. Wie die gesamte Gesellschaft werden auch die Religionen mit einem neuen Abschnitt der Geschichte konfrontiert: mit dem Leben in der globalen Welt, der eigenen Tradition folgend, jedoch unter anderen Rahmenbedingungen für das Leben.

Eine Seele für die globale Welt

Heute sind die Religionen dazu aufgerufen, der Globalisierung eine Seele zu geben. Johannes Paul II. lehnte die Instrumentalisierung der Religionen mit dem Ziel von Kriegen oder Konflikten unter den Völkern ab, seit er die Religionsoberhäupter zum Gebet für den Frieden in Assisi zusammengerufen hatte. Dieser Weg im »Geist von Assisi« wurde Jahr für Jahr fortgesetzt. Die Kanzlerin nahm an zwei internationalen Friedenstreffen im »Geist von Assisi« in Deutschland mit engagierten Reden teil. Im Jahr 2011 sagte sie in München, dass »wir ohne Glauben an Gott […] als Menschen schnell überheblich werden und aus den Augen verlieren, wozu unser Leben bestimmt ist«. Damit ist die Hypertrophie des Ichs in einer selbstbezogenen Welt gemeint, die ein gemeinsames Projekt und eine solidarische Dimension des Lebens verhindert. Bei einem der Friedenstreffen sagte der orthodoxe Erzbischof Albaniens Anastasio: »Das Gegenteil des Friedens ist nicht der Krieg, sondern die Selbstbezogenheit, von der die Konflikte herrühren.« In Merkels Rede klang das Gleichnis vom Endgericht im Matthäusevangelium an:

»Wir brauchen Entwicklung auf unserer Welt, um die Grundbedürfnisse des Menschen zu erfüllen, Durst zu löschen, Hunger zu stillen, Krankheiten zu heilen, Bildung und damit auch berufliche und gesellschaftliche Teilhabe zu sichern.«

Ihre hohe Idee von Politik ist kein Utopismus, sondern ein Verständnis der Wirklichkeit, in der viele und verschiedene Aspekte existieren, unter ihnen nicht zuletzt spirituelle und menschliche. Die Gläubigen haben eine »schwache Kraft«, die die Situationen in der Welt verändern können. 2017 sagte Merkel in Münster über die Gemeinschaft Sant'Egidio: »Sie setzt auf die Kraft des Wortes und des gemeinsamen Gebetes. Sie setzt auf Begegnung, auf Verständigung und Versöhnung. Im Dialog hält sie Türen offen, um aufeinander zugehen zu können. Sie tut dies in der Gewissheit [...], dass Veränderung zum Guten möglich ist, auch wenn das oft viel Geduld und Mühe verlangt.« Weiter sagte sie in Münster, wo sie mit dem Imam der Al-Azhar-Universität Al-Tayyib zusammenkam: »Religionen haben den Auftrag zum Frieden. Deshalb kann es keine Rechtfertigung von Krieg und Gewalt im Namen einer Religion geben.«

Wir müssen lernen zusammenzuarbeiten, wie es die Dynamiken einer komplexen Welt erfordern. »Ja, wir könnten es uns einfach machen, uns sozusagen in Parallelwelten verschanzen und allenfalls übereinander statt miteinander reden«, sagte die Kanzlerin. Doch, so fuhr sie fort: »Ohnehin haben in unserer vielfältig vernetzten Welt Entwicklungen und Entscheidungen in anderen Regionen auch Auswirkungen auf unser Leben. [...] Wir Europäer dürfen uns mit den vielen Krisen auf der Welt nicht abfinden und so tun, als ob sie uns nichts angingen.« Wir dürfen uns, so füge ich hinzu, nicht an das Leid von Millionen von Flüchtlingen gewöhnen, denn die Welt ist immer mehr vereint. Kein Volk ist eine Insel. Auch wenn kein Volk und keine Regierung allein die vielen Probleme der Welt lösen können. Dies gilt auch für die Religionen. Schon 1965 schrieb Abraham Heschel: »Keine Religion ist eine Insel. Wir sind alle aufeinander bezogen. Ein spiritueller Verrat, den einer von uns begeht, beeinflusst den Glauben von uns allen. Die Anschauungen einer Gemeinschaft haben Auswirkungen auf die anderen. Der religiöse Isolationismus ist heute ein Mythos.«

Wie ist eine positive Zusammenarbeit in der globalen Welt umsetzbar? In der Vergangenheit zwang ein Sieg den Besiegten dazu, sich dem Willen des Siegers zu beugen. Oder man lebte als Inseln mit getrennten Schicksalen. Ausgehend von unterschiedlichen Perspektiven (Politik, Religionen, Kultur, Zivilgesellschaft und vielem mehr) müssen heute vorbildhafte und konvergierende Prozesse für die Humanisierung der globalen Welt entwickelt werden. Papst Franziskus spricht davon, dass Bündnisse entwickelt werden müssen; Rabbiner Sacks spricht von einem Pakt. Doch nichts ist selbstverständlich, und wir brauchen den Mut, von uns selbst auszugehen. Dies scheint eine zerbrechliche Perspektive zu sein, wenn die Hoffnung fehlt, dass das Streben nach Geschwisterlichkeit und Frieden in der Tiefe unserer Gesellschaften und unter unseren Zeitgenossen verwurzelt ist. In der Unsicherheit über den Fortgang der Geschichte bestärken uns die Gemeinsamkeiten mit anderen. Dies äußert Papst Franziskus treffend in der Enzyklika »Fratelli tutti«: »So sehen wir, dass in die Geschichtsabläufe trotz der Verschiedenheit der Ethnien, der Gesellschaften und der Kulturen die Berufung hineingelegt ist, eine Gemeinschaft zu bilden, die aus Geschwistern zusammengesetzt ist, die einander annehmen und füreinander sorgen.«

II.

»Moderne Christdemokraten, die ihren Grundüberzeugungen treu bleiben, sind eine Lebensversicherung für unsere Demokratie.«

Winfried Kretschmann

Angela Merkel und das Versprechen vom Aufstieg

Von Armin Laschet

Als der Deutsche Bundestag am 22. November 2005 Angela Merkel zur ersten Bundeskanzlerin der Bundesrepublik Deutschland wählte, war Deutschland in vielerlei Hinsicht ein anderes Land. Kein einziges Bundesland hatte einen weiblichen Ministerpräsidenten, die Zahl der Arbeitslosen lag bei knapp fünf Millionen und Deutschland galt als »kranker Mann Europas«. Angela Merkel übernahm die Verantwortung für ein Land, das mit sich selbst rang, das abgehängt zu werden drohte, das mit großen Zweifeln in die Zukunft blickte.

Angela Merkel trat an, um Deutschland wieder zu einem Aufstiegsland zu machen. Zu einem Land, auf das die Welt nicht hinabblickt, sondern das als Vorbild und Vorreiter gilt. Einem Land der Möglichkeiten. Einem Land, das jeder Bürgerin und jedem Bürger die Chance eröffnet, die eigenen Talente zu verwirklichen.

Der innere Wert des Aufstiegsversprechens

In ihrer Rede zur Verabschiedung der Absolventinnen und Absolventen der Universität Harvard im Jahr 2019 berichtete Angela Merkel von ihrer Arbeit als junge Wissenschaftlerin in der DDR. Sie erzählte, wie sie jeden Tag auf dem Heimweg von der Arbeit auf die Berliner Mauer zugehen musste, um zu ihrer Wohnung zu gelangen. Wie sie jeden Tag auf dieses Ungetüm aus Beton zuging und wusste, dass es für sie unüberwindbar war. Jeden Tag, so sagte Angela Merkel in ihrer Rede, musste sie kurz vor der Freiheit abbiegen.

Angela Merkel weiß um den Wert eines Aufstiegsversprechens, weiß um den Wert der Möglichkeit zur Verwirklichung der eigenen Ideen, weil sie selbst erleben musste, wie ihr der Weg zur Verwirklichung ihrer Träume versperrt wurde. Sie weiß, wie es sich anfühlt, wenn man möchte, aber nicht darf –, wenn andere darüber entscheiden, ob und wie man die eigene Zukunft selbst gestalten kann.

Solch eine Erfahrung prägt. Wenn Angela Merkel sich auch nach fast 16 Jahren als Bundeskanzlerin, nach fast 16 Jahren unter den Mächtigen dieser Welt die Fähigkeit bewahrt hat, Politik stets vom einzelnen Menschen her zu betrachten, dann ist dies ebenso Zeugnis wie Folge ihrer eigenen Erfahrung, wie unmittelbar politische Entscheidungen sich auf das Leben des Einzelnen auswirken können. Politik ist nie ein bloßes Glasperlenspiel, nie ein Ringen um seiner selbst oder um der Verwirklichung abstrakter Parteiprogramme willen. Politik ist das stete Bemühen, dem einzelnen Menschen Möglichkeiten zu eröffnen, Freiheitsräume zu schaffen und Mauern zu beseitigen, seien es physische Mauern oder solche in den Köpfen. So ist es ein ganz eigener Pragmatismus, der Angela Merkels Regierungsstil kennzeichnete. Kein Pragmatismus aus Beliebigkeit, kein Pragmatismus aus Verlegenheit, sondern Pragmatismus vom Menschen her. Pragmatismus aus dem inneren Bewusstsein, dass die Chance zum Aufstieg, die Chance zur Entfaltung der eigenen Möglichkeiten das Fundament wahrer Freiheit ist. All dies wertschätzen die besonders, die Aufstieg selbst erlebt haben.

Aufstieg als Frage des Menschenbildes

Die Berufung des Menschen zur Freiheit und die sich daraus ergebende Verpflichtung des Staates waren für Angela Merkel jedoch auch in einer anderen Hinsicht etwas zutiefst persönlich Empfundenes. Als Kind eines Pfarrhaushalts, aber auch als Christdemokratin hat Angela Merkel immer aus dem Bewusstsein heraus gehandelt, dass der Mensch in all seiner Fehlerhaftigkeit doch immer Abbild und Geschöpf Gottes bleibt, dass jeder Einzelne einen gottgegebenen

Eigenwert hat und dass jeder Mensch eine unantastbare Würde in sich trägt. Staat und Politik haben auf den Menschen ausgerichtet zu sein, der ihren ganzen Daseinszweck bildet und ihnen als innerer Maßstab eingeschrieben ist. »Der Staat ist um des Menschen willen da, nicht der Mensch um des Staates willen.« So lautete der Entwurf des Verfassungskonvents von Herrenchiemsee für den ersten Artikel unseres Grundgesetzes, und diese grundsätzliche Ausrichtung auf den Menschen bildet bis heute den innersten Kern unseres Gemeinwesens. Diese dienende Funktion des Staates, diese auch auf dem christlichen Menschenbild fußende Zweckbindung aller Staatlichkeit hat es Angela Merkel nie plausibel erscheinen lassen, Menschen in ihren Entfaltungsmöglichkeiten zu beschränken, nur um überkommene Prinzipien zu verteidigen. Angela Merkel ist eine Frau mit tiefen Überzeugungen, aber diese Überzeugungen waren für sie immer mehr als bloße Parteitagsfolklore, waren nie politischer Selbstzweck, sondern mussten sich stets aufs Neue am Maßstab der Lebenswirklichkeit rechtfertigen.

So war auch das christliche Menschenbild für Angela Merkel nie etwas Ausgrenzendes, nie ein bloßer Vorwand zur Rechtfertigung vorgefasster Entscheidungen. Für sie war das christliche Menschenbild immer Einladung, immer Mahnung zum Dienst am Menschen und an der Gerechtigkeit. Es war der Aufruf, nicht nur von einer besseren Welt zu träumen, sondern auf sie hinzuwirken, nicht nur im Großen, sondern auch im Kleinen – gerade im Kleinen, weil vieles vermeintlich Kleine für den einzelnen Menschen sehr groß sein kann.

Den Menschen die Möglichkeit zu geben, sich frei zu entfalten und über sich selbst hinauszuwachsen, das war ein Kern und Leitstern von Angela Merkels Politik. Das weiß, wer sie kennt, und das weiß, wer das Glück hatte, mit ihr Politik gestalten zu dürfen.

Aufstieg für alle

Für Angela Merkel war auch immer klar, dass das Versprechen vom Aufstieg unvollständig bleibt, solange es Menschen ausschließt.

Dass es nicht ausreichen kann, wenn einige Menschen Chancen haben, aber dies nur auf Kosten der anderen. Sie war nie eine Revolutionärin, aber sie hatte immer ein feines Gespür für Ungerechtigkeiten, und sie hat mit stiller Beharrlichkeit darauf hingewirkt, nicht nur einigen, sondern allen die Möglichkeit zum Aufstieg zu eröffnen.

Denn Angela Merkel weiß, wie es sich anfühlt, vor Mauern zu stehen – vor Mauern aus Beton, aber auch vor Mauern in den Köpfen der Menschen. Als sie 1990 begann, sich politisch zu engagieren, da stieß sie vor in eine Welt zuvor ungeahnter Möglichkeiten. Es war eine Welt, die aufregend und neu war, aber bisweilen auch verfangen zu sein schien in überkommenen Gewissheiten, erstarrt in ihren eigenen Ritualen. Sie erlebte Parteitage, die jedenfalls nicht mehrheitlich von protestantischen Frauen aus dem Osten Deutschlands geprägt waren, erlebte gänzlich anders sozialisierte Menschen, die ihr anfangs in mancherlei Hinsicht genauso fremd zu sein schienen wie sie ihnen. Es war eine Welt, in der kaum vorstellbar schien, dass sie, dass Angela Merkel im Jahr 2005 Bundeskanzlerin der Bundesrepublik Deutschland sein sollte. Aber sie wurde Bundeskanzlerin, und eine der großen noch dazu. Sie ist ihren Weg gegangen, auch gegen Widerstände und in dem Wissen, dass gerade die schwierigsten Wege oft aus eigener Kraft beschritten werden müssen. Stets jedoch hat sie sich das Bewusstsein bewahrt, dass Wege nur gegangen werden können, wenn sie nicht versperrt sind – das Bewusstsein dafür, dass diejenigen, die die Möglichkeit haben, Mauern zu beseitigen, dies auch tun müssen.

Für eine ganze Generation junger Menschen ist es heute selbstverständlich, dass die mächtigste Person in unserem Land eine Frau ist – »Chefin« lautete einmal ein sehr prägnanter Werbeslogan der CDU, und für viele Menschen, ja, für unser Land war und ist es eine gute Erfahrung, dass es auch Chefinnen gibt und nicht nur Chefs. Angela Merkel war damit beispielgebend gerade für viele junge Frauen in unserem Land, aber auch auf der ganzen Welt, und sie hat anderen den Weg bereitet.

Aufstieg in Vielfalt

Den einzelnen Menschen in den Blick zu nehmen und Mauern in den Köpfen abzubauen, das hieß für Angela Merkel immer auch, einen Menschen nicht darauf zu reduzieren, wo er herkommt, wie er aussieht, woran er glaubt oder wen er liebt. Zu Zeiten der schwarz-gelben Koalition unter der Führung von Angela Merkel gab es eine Werbekampagne im Ausland für Investitionen in Deutschland, die mir bis heute erinnerlich ist, weil sie in nur einem Satz sehr treffend das Bild unseres modernen Deutschlands in die Welt transportierte. »Foreign Minister gay, Chancellor female, Health Minister Vietnamese – and you think America is the land of opportunity?« In der Tat, all dies ist heute für uns selbstverständlich, und wir freuen uns darüber – aber dass es selbstverständlich ist, das ist ganz gewiss nicht selbstverständlich, ja, das schien noch vor einer Generation schier unvorstellbar.

Angela Merkel begriff die Veränderung unserer Gesellschaft nie als Bedrohung, sondern als natürlichen Prozess, der wie jeder Wandel Herausforderungen mit sich bringt, aber eben auch Chancen. Chancen, die nur ergreifen kann, wer sie als solche begreift. Als erste Bundeskanzlerin berief sie eine Integrationsstaatsministerin, und schon mit deren Angliederung ans Bundeskanzleramt brachte sie zum Ausdruck, welche Bedeutung sie diesem Thema beimaß. Für sie war es eine Selbstverständlichkeit, dass Deutschland sich verändern würde, aber dass es an uns ist, diese Veränderung zu gestalten. Unter Angela Merkels Kanzlerschaft ist Vielfalt in unserer Gesellschaft selbstverständlicher, ist Deutschland pluralistischer geworden. Nicht beliebig, aber bunt. Heimatbewusst, aber weltoffen.

Umso betroffener war Angela Merkel, wenn Dinge aufbrachen, die überwunden schienen in unserem Land – Fremdenhass, Rassismus, Antisemitismus. Selten habe ich Angela Merkel so berührt, aber auch so berührend erlebt wie 2018 bei unserem Zusammentreffen mit Mevlüde Genç – einer bewundernswerten Frau, die 1993 bei dem furchtbaren Brandanschlag von Solingen zwei Kinder, zwei Enkelkinder und eine Nichte verloren hatte und doch öffentlich erklärte: »Nur die Versöhnung überwindet den Hass.« Ich erinnere mich an Gespräche mit Angela Merkel nach den schrecklichen Anschlägen von Hanau und Halle. Sie mag weltberühmt sein für ihre Besonnenheit, ihre Überlegtheit und Kontrolliertheit, aber es gibt Momente, in denen das Herz eines Menschen sich jeder Selbstbeherrschung verweigert.

Aufstieg gemeinsam

Angela Merkel hat nie einen Zweifel daran gelassen, dass ihre Vorstellung von Politik nicht auf Abgrenzung beruht, nicht auf Alleingängen, sondern auf dem Miteinander. Wenig schien ihr befremdlicher als das Gehabe mancher Weltpolitiker, die Kompromissbereitschaft als Schwäche deuteten, deren Motto »Mein Land first« war und die viel im »Ich« dachten, aber wenig im »Wir«. Nie ging es ihr darum, sich selbst in den Vordergrund zu rücken. Natürlich stand sie im Vordergrund, es lässt sich ja nicht vermeiden als Bundeskanzlerin, aber es war ihr erkennbar mehr Begleiterscheinung als Zweck ihres politischen Wirkens. Etwas, womit man sich abzufinden hat, aber das man eher erträgt als genießt.

Sie schätzte eher die inhaltliche Auseinandersetzung, und gerade Menschen, die ihr zum ersten Mal begegneten, waren immer beeindruckt von ihrer tiefen Neugier, ihrem ehrlichen Interesse, aber auch ihrer bemerkenswerten Fachkenntnis selbst in Bereichen, in denen man es nicht vermutet hätte. Natürlich wusste sie um ihre Präsenz, wusste darum, dass das Amt eines Bundeskanzlers manch einem Gesprächspartner die innere Unbefangenheit nimmt, aber es ging ihr, ganz Naturwissenschaftlerin, immer um das Gewicht des Arguments, nicht um die Stellung desjenigen, der es vorbringt. Angela Merkel beurteilte Dinge nicht allein nach ihrer Außenwirkung, sondern vor allem nach ihrer Auswirkung. Sie wollte nicht Recht behalten, sondern das Richtige tun.

Wenig wohl prägte die Zusammenarbeit mit ihr so sehr wie diese ihre Bereitschaft zur Führung durch das bessere Argument, zur Zurücknahme der Person gegenüber der Sache. Die Vielfalt unterschiedlichster Meinungen und Perspektiven war ihr nie Belastung, sondern stets Bereicherung, war ihr willkommene Hilfe darin, die Dinge in ihrer Ganzheit zu betrachten und immer auch sich selbst zu hinterfragen. Natürlich ließ sie an ihrem Führungsanspruch bei alldem nie einen Zweifel aufkommen, aber es war eine andere, für das Amt des Bundeskanzlers neue Art der Führung. Gänzlich unprätentiös und in dem Wissen, dass echte Führung nicht darin liegt, den Ton anzugeben – sondern darin, zusammenzuführen und zusammen zu führen.

Aufstieg in Europa

Gefordert wurde diese ihre Art der Führung auch in Europa, das in den 16 Jahren ihrer Amtszeit von schweren Krisen geschüttelt wurde. Europa mag für sie, die sie die Dinge gemeinhin nüchtern und ohne Verklärung betrachtet, nie in gleicher Weise emotional und historisch aufgeladen gewesen sein wie etwa für Helmut Kohl, das Kind der paneuropäischen Bewegung. Aber doch wusste sie wohl mehr noch als jeder Kanzler vor ihr um den wirklichen Wert eines vereinten Europa – sie, die von allen bisherigen Bundeskanzlern am schwersten und am unmittelbarsten die Folgen eines geteilten Europa erleben musste. Angela Merkel kämpfte für die Europäische Union und die europäische Einigung aus tiefer Überzeugung von deren sachlicher Notwendigkeit, aus der Überzeugung heraus, dass Deutschland nur in Europa seine Zukunft finden kann.

Europa zusammenzuhalten in schwieriger Zeit, Europa aber auch voranzubringen, das war Angela Merkel mehr als bloß tagespolitische Verpflichtung. Auch in Europa sah sie hinter den großen Begriffen immer auch die einzelnen Menschen, sah die Chancen, die dieser historisch beispiellose Raum des Friedens und der Freiheit den einzelnen Menschen eröffnete. Und sie erinnerte sich dabei vielleicht auch an manche eigene Erfahrung, denn der Weg Polens, der Weg Ungarns und all der anderen mittel- und osteuropäischen

Mitgliedstaaten, er war ja im Eigentlichen nichts anderes als die Wiederholung ihres eigenen Lebenswegs im Großen. Der Weg aus der Unfreiheit in die Freiheit, aus dem Raum der Unmöglichkeiten in den der Möglichkeiten. Als Verkörperung eines Aufstiegsversprechens, das nicht vor nationalen Grenzen, das nicht vor unterschiedlichen Sprachen und Kulturen Halt macht, war Europa für Angela Merkel letztlich die konsequente Fortsetzung dessen, wofür sie sich in Deutschland einsetzte – hier wie dort gelegentlich als Taktgeberin, aber immer auch als Moderatorin zwischen den so unterschiedlichen Interessen, als ordnender Pol des Ausgleichs, der das Gemeinsame sucht und das Verbindende findet.

Aufstieg in Zukunft

16 Jahre war Angela Merkel Bundeskanzlerin. Sie hat unser Land geprägt, hat Europa in schwieriger Zeit zusammengehalten, und sie hat in vielerlei Hinsicht eine neue politische Kultur etabliert. Manches, was ihr einst als politische Schwäche angekreidet wurde, erwies sich als Stärke. Nicht sich selbst in den Vordergrund zu stellen, sondern die Sache. Es auszuhalten, wenn man unterschätzt wird. Nicht zu dominieren, sondern zu führen. Angela Merkel hat sich entschlossen, einmal mehr ins Offene zu gehen, einen Lebensabschnitt hinter sich zu lassen und einen neuen zu beginnen.

Auch Deutschland lässt damit einen Abschnitt hinter sich und beginnt einen neuen. Das Versprechen des Aufstiegs aber bleibt, und es begleitet uns in eine Zukunft, die zu gestalten an uns ist. Eine Zukunft voller Herausforderungen, Herausforderungen auch für das Aufstiegsversprechen, dessen Verwirklichung immer eine große Aufgabe bleiben wird – zumal in Zeiten großer Umbrüche, in Zeiten von Transformation und Disruption. Der klimatische und der technologische Wandel, Migration und Globalisierung, das Geschehen auf der Weltbühne schaffen eine Zukunft, in der es eine besondere Herausforderung gerade auch für den Einzelnen bleiben wird, selbstbestimmt die eigenen Wege zu gehen und die eigenen Talente

zu entwickeln. Eine Zukunft aber auch voller Chancen, die es zu erkennen und zu ergreifen gilt – das ist die Herausforderung des Jahr-
zehnts, das vor uns liegt.

In ihrer Rede an der Harvard-Universität sagte Angela Merkel:
»Überraschen wir uns damit, was möglich ist« – nicht nur das historische Glück der Deutschen Einheit im Sinn habend, sondern natürlich auch und gerade ihr eigenes Leben. Neugierig zu bleiben, Lust
auf die Zukunft zu haben und auch einmal mutig einen Schritt ins
Offene zu wagen, das ist es, was unser Land, was wir alle von Angela
Merkel lernen können. Sich selbst damit zu überraschen, was möglich ist – das hat Angela Merkel auf ihrem privaten Lebensweg geleitet, das hat sie auf ihrem politischen Lebensweg geleitet und das
wünsche ich auch unserem Land.

The normal one –
Pragmatismus versus Populismus

Von Winfried Kretschmann

Am Gegenwärtigen haben wir meist viel auszusetzen. Doch was uns wirklich zuträglich ist, erkennen wir oft erst im Nachhinein – nämlich dann, wenn es fehlt. Kanzlerin Angela Merkel wird uns fehlen. Davon bin ich überzeugt.

Fehlen wird uns die unprätentiöse Art, mit der sie sich jedem Bohei um ihr Amt entzog. Bei der Mecklenburgerin geriet fast schon das Anticharismatische zum Charisma. Welch ein Unterschied zur überbordenden Selbstgewissheit eines Gerhard Schröder oder zum pfälzischen Gesamtkunstwerk Helmut Kohl. Der Satz: »I'm the normal one«, den der sehr außergewöhnliche Stuttgarter Jürgen Klopp einmal sagte, könnte von ihr stammen.

Fehlen wird uns die Sachlichkeit, mit der sie schnell zum Kern der Sache vorstieß. Angela Merkel sucht die Wahrheit in den Tatsachen und nicht in der Rhetorik. Ihre Detailkenntnisse sind immer wieder verblüffend. Hinter ihrem Zugang zur Politik lässt sich unschwer ihre naturwissenschaftliche Grundprägung ausmachen – etwas, das in der Politik selten ist.

Fehlen wird uns schließlich die verbindliche Art, mit der sie an der Lösung von Problemen arbeitete. Und Probleme – das waren in ihrer Amtszeit keine Kleinigkeiten, sondern große internationale Krisen. Angela Merkel ist eine Meisterin des faktengestützten und verbindlichen Aushandelns. In einer Zeit postfaktischer Verlautbarungen, in der eher der Wille zum Dissens und Dialogverweigerung obenan stehen, wird das zu einer Kardinaltugend des Politischen.

Dass Kanzlerin Merkel uns fehlen wird, ist für mich eine aus-
gemachte Sache. Aber können wir auch schon einen Vorgriff darauf wagen, was die Zeitgeschichte einmal über ihre Kanzlerschaft
sagen wird? Viele schnelle und kontroverse Urteile sind bereits gesprochen. Ich vermute, dass nur wenige von ihnen Bestand haben
werden. Dass ihre Kanzlerschaft in eine neue Zeit fällt, nämlich hinter die Klammer jenes kurzen 20. Jahrhunderts, mit der Zeithistori-
ker den Zeitraum von 1914 bis 1989 zusammenfassen, ist klar. Aber
was genau prägte ihre Politik an diesem neuen historischen Ort? Vieles ist noch zu sehr Jetztzeit, um ein abschließendes Urteil zu fällen.
Doch eines zeichnet sich bereits deutlicher ab. Wir werden über die
Jahre von 2005 bis 2021 einmal als Ära Merkel reden – ähnlich wie
bei den Kanzlerschaften von Konrad Adenauer und Helmut Kohl.
Und der Ausdruck Ära – so meine These – wird mehr meinen als
bloß eine Reihe von Jahren.

Eine neue Zeit

Der Satz, dass Konrad Adenauer und Helmut Kohl Kanzler des
20. Jahrhunderts waren, könnte banal klingen, wenn wir ihn nicht
in das bestimmtere Bild des Jahrhunderts einfügen, das sich der Zeitgeschichte gerade erschließt. Adenauers Kanzlerschaft steht für den
Übergang in die bessere Hälfte des Jahrhunderts, in der die Bundesrepublik auf den Trümmern des Nationalsozialismus ihren Weg in
den Kreis der liberalen westlichen Demokratien fand und den neuen
europäischen Einigungsprozess mit initiierte. Nach innen steht die
Ära Adenauer für das Modell des Rheinischen Kapitalismus, nämlich eine gleichermaßen durch Ordoliberalismus und christliche So-
zialethik inspirierte soziale Marktwirtschaft.

Darüber prägte sie das Rollenmodell für die Kanzlerschaft in unserer parlamentarischen und föderalen Demokratie. Das Amt ist
mit Macht und politischer Richtlinienkompetenz ausgestattet, ohne
doch über das besondere Prestige eines direkt gewählten Präsidenten in einer Präsidialdemokratie zu verfügen. Gleichzeitig ist es Teil

einer politischen Ordnung, die auf ausgleichendes Regieren gerichtet ist. Das personalisierte Verhältniswahlrecht macht Koalitionsregierungen zum Normalfall. Und bei einem Großteil der Gesetze ist die Bundesregierung auf die Zustimmung der Länder im Bundesrat angewiesen. Ein Durchregieren, wie wir es vor allem aus Konkurrenzdemokratien mit Mehrheitswahlrecht wie etwa Großbritannien kennen, bleibt für einen Kanzler oder eine Kanzlerin der Bundesrepublik die Ausnahme.

Helmut Kohls Kanzlerschaft fällt an das Ende des kurzen 20. Jahrhunderts, an den Wendepunkt der deutschen Wiedervereinigung. Dabei war der Kanzler der deutschen Einheit auch glühender Europäer. Er erkannte, dass Europa unser großes Friedensprojekt ist und bleibt – und führte es im Sinne Adenauers fort. Gleichwohl, er blieb mit beiden Beinen ein Politiker der alten Zeit. Unter seiner Kanzlerschaft wurden zwar politische Landkarten umgeschrieben, aber mit den tiefen Veränderungen auf den mentalen Landkarten kam er nicht zurecht. Er war wohl zu sehr ein Eigengewächs der frühbundesrepublikanischen Christdemokratie und konnte mit der kulturellen Pluralisierung und Liberalisierung, die von Woodstock, der Studentenbewegung, dem Zuzug von Migranten oder auch der Hinwendung zur ökologischen Frage ausgingen, wenig anfangen. Stattdessen stellte er ihr eine geistig-moralische Wende entgegen, die die alten Gewissheiten hochhielt – was prompt zu einem Kampf gegen Windmühlen geriet.

Dennoch konnte er aus überkommenen Identitäten und Lagerbildungen auch noch Honig saugen und Retro-Wahlkämpfe gegen »rote Socken« oder »grüne Weltverbesserer« führen. Das war auch ein Versuch, auf die Ausdifferenzierung des Parteiensystems zu reagieren, das sich vom lange dominierenden Dreiparteiensystem aus Union, SPD und FDP immer weiter wegentwickelte und neue Ansprüche an die Kommunikationsfähigkeiten stellte. Kohls Kanzlerschaft blieb an dieser Stelle von einer politisch-kulturellen Modernisierungslücke geprägt, die nicht wenige als bedrückend empfanden.

Der Sprung in die mentalitätsgeschichtlich neue Zeit wurde von der rot-grünen Koalition zwischen 1998 und 2005 vollzogen. Sie verhalf einer politischen Kultur zum Durchbruch, die Angela Merkel dann zu Beginn ihrer ersten Kanzlerschaft vorfand und von der sie – im Unterschied zu vielen Traditionalisten in ihrer Partei – erkannt hatte, dass sie sich nicht rückabwickeln ließ. Die Union musste sich öffnen, verändern und modernisieren. Angela Merkel selbst steht dafür in erster Person – als erste deutsche Kanzlerin und als ostdeutsche Frau. Sie ist in einem durchaus tieferen Sinn eine christdemokratische Kanzlerin des 21. Jahrhunderts.

Christdemokratie im Umbruch

Indem Angela Merkel erkannte und anerkannte, dass die gesellschaftliche Pluralisierung ein Fakt und die politische Modernisierung der Union überfällig ist, sprach sie vielen Anhängern ihrer Partei und einer neuen Mitte in unserer Gesellschaft aus dem Herzen. Doch gleichzeitig verschob sich damit Kohls Kulturkampf immer mehr in die Union selbst. Innerparteiliche Gegner von Angela Merkel – angefangen mit den Akteuren des heute fast vergessenen Andenpakts – versammelten sich hinter der Fahne des nostalgischen Rückkehrwunsches zu den alten Zeiten. Aus der Verweigerung der Einsicht, dass dies nur um den Preis einer Isolierung von großen Teilen der Gesellschaft möglich wäre, rührt die erste und vielleicht größte Fehleinschätzung der Rolle Angela Merkels: Sie soll die traditionellen Werte der Union verraten haben. Tatsächlich wird umgekehrt ein Schuh draus. Die alte Mitte war im Schwinden – für die Union genauso wie für die SPD. Es war der alte Konservatismus – ebenso wie der alte sozialdemokratische Industrialismus –, der sich überlebt hatte. Indem Angela Merkel ihrer CDU eine modernere Anmutung gab, verhinderte sie, dass die Partei den Weg in die Bedeutungslosigkeit ging, auf den andere christdemokratische Parteien in Europa geraten sind.

Aus christdemokratischen Traditionen erklärt sich auch, wie falsch der zweite große Angela-Merkel-Mythos ist, nämlich die These, sie habe die CDU sozialdemokratisiert. Die CDU hat seit jeher starke Wurzeln in der christlichen Soziallehre. Wenn die marktradikalen Einsprengsel des Leipziger CDU-Programms von 2003 heute Makulatur sind, dann meint das eher eine Rechristdemokratisierung als eine Sozialdemokratisierung der Partei. Angela Merkel ging unter den Bedingungen unserer Zeit auf einen Gründungsimpuls der CDU zurück.

Typisch christdemokratisch ist auch die Methode, mit der Angela Merkel die Realitätsanpassung der CDU vornahm. Die Partei hat zwar Traditionslinien und auch ein Programm, aber sie ist keine wirkliche Programmpartei, sondern fundamentalpragmatisch ausgerichtet. Sie setzt sich keine anspruchsvollen Ziele, um dann soziale und politische Mehrheiten für sie zu erringen. Das wäre der Weg der völlig anders gelagerten grünen Politik. Die politische Methode der CDU besteht darin, einen guten Riecher für progressive Trends zu haben, um ihnen zu einem späten und für sie selbst wenig riskanten Zeitpunkt die politische Bestätigung nicht zu versagen. Nicht zuletzt beim Elterngeld hat Angela Merkel das vorexerziert.

Zu diesem Spiel gehört es auch, die eigenen Traditionsbataillone dort aus dem Spiel zu nehmen, wo sie den nötigen Anpassungsschritten im Weg stehen. So ließ Angela Merkel mit einer gewissen Chuzpe die Abstimmung über die gleichgeschlechtliche Ehe im Bundestag freigeben. Während sie selbst mit den konservativen Gegnern der Neuregelung votierte, sah sie ungerührt zu, wie sie von einer breiten und von ihr selbst ermöglichten Parlamentsmehrheit überstimmt wurde. Das ist christdemokratische Machtdialektik in Aktion!

Die Eurokrise und Europas Rolle in der Welt

Doch Angela Merkels Kanzlerschaft fällt nicht nur kulturell-mental, sondern auch geopolitisch in eine neue Zeit. Erst nach Kohl und nach Rot-Grün ging auf, wie tiefgründig die Welt sich 1989 tatsächlich verändert hatte. Der Westen und die liberalen Demokratien hatten nämlich nicht einfach gesiegt, wie Francis Fukuyamas These vom Ende der Geschichte es nahelegte. Die Globalisierung, der Aufstieg Chinas und zuletzt die Westlessness der Trumpjahre haben uns stattdessen mit einem Ende vom Ende der Geschichte konfrontiert, mit einer verwirrend neuen Situation, die wir verstehen und gestalten müssen, wenn sie nicht bloß Schicksal sein soll. Diese geopolitisch neue Situation wurde zur zweiten Grundbedingung von Angela Merkels Kanzlerschaft. Und sie wird auch einmal die Folie bilden, vor deren Hintergrund die Ära Merkel im Bild der Zeitgeschichte bestimmtere Konturen gewinnen wird.

Spätestens das Platzen der Immobilienblase in den USA 2008, das sich in Europa zu einer Staatsschulden- und Eurokrise auswachsen sollte, zeigte der Welt, wo die Grenzen des Marktradikalismus und der Predigt vom schlanken Nachtwächterstaat liegen. Deregulierte Märkte, als alternativloses Mittel zur Rettung der wirtschaftlichen Prosperität angepriesen, mussten nun selbst vor dem Zusammenbruch gerettet werden. Gefragt war massives Handeln zur Stützung des Euro, der Finanzmärkte und der hoch verschuldeten Euroländer.

Der Erfolg der dramatischen Rettungsaktion in Europa geht auch auf Angela Merkel zurück. Der Weg dorthin war allerdings von Widersprüchen gepflastert. Das Interesse an inneren Reformen in den Eurostaaten, die den Schutzschirm in Anspruch nehmen wollten, ist bis zu einem bestimmten Punkt nachvollziehbar. Und eine Kritik an der Bundesregierung, die hier einen neuen deutschen Imperialismus ausmachen wollte, war maßlos überzogen. Gleichwohl schadete das monatelange Feilschen um die Konditionen des Rettungsschirms dem europäischen Gedanken. Die Einsicht, dass die exportorientierte deutsche Wirtschaft von der Währungsunion mehr profitierte als andere, hätte der Einsicht, dass eine gemeinsame Finanz- und Fiskalpolitik und auch neue Mechanismen des Ausgleichs zwischen den wirtschaftlich unterschiedlich starken Regionen Europas nötig sind, früher und deutlicher zum Durchbruch verhelfen müssen. Meine Vermutung ist, dass Helmut Kohl in dieser Krise rasch ein neues Kapitel seiner Scheckbuchdiplomatie aufgeschlagen hätte. Dann wäre womöglich weniger europäisches Vertrauen zerstört worden.

Ein weiteres Problem von Angela Merkels Europapolitik waren die lange fehlenden Ansprechpartner auf französischer Seite. Der Hardliner Nicolas Sarkozy, dessen Politik eher an Berlusconi denn an seine großen Vorgänger erinnerte, war kein Mitspieler. Auch der farblose François Hollande bot sich nicht an. Von einem politischen Gespann wie bei Schmidt und Giscard d'Estaing oder Kohl und Mitterrand war weit und breit nichts zu sehen. Das war misslich, denn eine enge deutsch-französische Abstimmung liefert zumeist schon eine Basis für weitergehende Konsense, in denen sich dann auch die anderen europäischen Partner wiederfinden. Mit dem Amtsantritt des dezidierten Proeuropäers Emmanuel Macron hätte sich ein deutsch-französisches Tandem wiederbeleben können, ja müssen. Natürlich ist auch Macron ein Interessenvertreter seines Landes. Und nicht alle seine Vorschläge sind kongruent mit den Interessen der Bundesrepublik. Dennoch war das lange Schweigen Angela Merkels, als Macron signalisierte, dass mit ihm eine neue Dynamik in Europa möglich wäre, mehr als beredt.

Die Kanzlerin führte hier eine europapolitische Reserviertheit fort, die schon unter Kanzler Schröder sichtbar geworden war. Die europäischen Verträge blieben 20 Jahre ohne Fortschreibung. Von dem Engagement und der Risikobereitschaft des Adenauerschülers Kohl, der gegen alle Bedenken Schengen und den gemeinsamen europäischen Währungsraum vorangetrieben hatte, war in der Bundespolitik nicht mehr viel zu sehen. Es ist deshalb gut und überfällig, dass nun, zum Ende von Angela Merkels Amtszeit, andere Signale kamen. Die deutsche EU-Ratspräsidentschaft im zweiten Halbjahr 2020 war ein wichtiges Signal für eine neues, konstruktives Engagement im Sinne der europäischen Solidarität.

Für künftige deutsche Regierungen liegt hier ein entscheidendes Gleis in die Zukunft. Denn mehr als drei Jahrzehnte nach 1989 ist weniger klar denn je, wie die kommende Weltordnung aussehen wird. Es wird keine unilaterale amerikanische Ordnung sein.

Sowenig wie der Westen 1989 einfach gesiegt hatte, so wenig werden die USA *die* einzige Supermacht des 21. Jahrhunderts sein, wie Zbigniew Brzeziński es noch unterstellte. Ohne ein gemeinsames und politikfähiges Europa würde unser Land an den Katzentisch des Jahrhunderts geraten – auf einen Weg, den Großbritannien mit seiner Brexit-Entscheidung eingeschlagen hat. Deutschland braucht die Fortschreibung des europäischen Einigungsprozesses. Eine Ausrichtung allein an kurz- und mittelfristigen Exporterwartungen seiner Wirtschaft kann nicht die Stabilität hervorbringen, die für eine langfristige gedeihliche Entwicklung nötig ist. Der deutsche Weg ins 21. Jahrhundert führt über ein gemeinsames, starkes und konstruktives Europa.

Flüchtlingskrise

Angela Merkels Kanzlerschaft war wie keine andere geprägt von großen internationalen Krisen. Dabei zeigte sich auch, wie sehr sich unser Leben heute globalisiert hat. Eine besondere Bedeutung kam der Flüchtlingskrise ab 2015 zu. Sie hatte sich schon länger abgezeichnet. Das Desinteresse Europas für die Not seiner südlichen Anrainer und das Desinteresse vieler nord- und mitteleuropäischer Staaten an den Problemen der südeuropäischen Aufnahmeländer gehörte mit zu den Ursachen. Und viele europäische Hausaufgaben sind hier immer noch nicht erledigt.

In Deutschland ist die Erinnerung an die Krise vor allem mit der Situation im Spätsommer 2015 verbunden, als die Bundesregierung die Grenze für Flüchtlinge, die auf dem Weg nach Nord- und Mitteleuropa waren, offenließ. Das war ein wichtiger Akt der Humanität und der europäischen Solidarität, für den ich vor Angela Merkel immer noch den Hut ziehe. Hier zeigte sich die tiefe Mitmenschlichkeit einer Kanzlerin, die mit ihrem nüchtern-rationalen Politikstil ihre Gefühle ja nicht jeden Tag auf den Markt trägt. Ihr Satz »Wenn wir jetzt anfangen, uns entschuldigen zu müssen dafür, dass wir in Notsituationen ein freundliches Gesicht zeigen, dann ist das nicht mein Land« wird einmal neben anderen großen Verständigungsworten und -gesten deutscher Kanzler stehen. Als ich damals sagte: »Ich bete jeden Tag für Angela Merkel«, dann war das zwar metaphorisch gemeint, aber es entsprach genau meinen Empfindungen.

Die Flüchtlingskrise war eine Herkulesaufgabe für Politik, Verwaltung und eine breite Bürgerschaft. Millionen Menschen halfen mit ihrem ganz persönlichen Engagement. Gleichzeitig war die Krise ein Katalysator des Rechtspopulismus, der Ängste und kulturelle Spaltungstendenzen, die unter der Oberfläche bereits gärten, weiter schürte und auf Flüchtlinge und Migranten projizierte. In der Folge entstand ein dritter Mythos über Angela Merkel, dass sie nämlich für die Stärkung des Rechtspopulismus verantwortlich sei. Auch dem möchte ich entschieden widersprechen. Hauptverantwortlich dafür sind die berufsmäßigen Brandstifter aus der AfD. Aber auch eine falsche und gefährliche Kommunikation aus den Reihen der Union hat einen Beitrag geleistet. Denn einige dort hatten sich Franz Josef Strauß' Maxime, wonach »rechts neben uns nur noch die Wand« sein dürfe, derart zu eigen gemacht, dass sie die AfD-Sprache kopierten, um das Publikum dieser Partei für die Union zu gewinnen. Untergründig brach sich darin auch die politische Nostalgie nach einem alten und überlebten Konservatismus der Union Bahn. Tatsächlich kommunizierte man sich hier in eine potenziell selbstzerstörerische Zwickmühle hinein. Die monatelangen Anwürfe aus der Union heraus schwächten die eigene Bundesregierung und die Kanzlerin, die in den Umfragewerten deutlich absackte. Gleichzeitig machten sie eine populistische Sprache salonfähig, mit der gerade kein Mobilisierungseffekt für die Union, sondern für das populistische Original, nämlich die AfD verbunden war. Selbst Markus Söder bezeichnet dieses Agieren heute als Fehler: Man habe den Eindruck zugelassen, auf der »dunklen Seite der Macht« zu stehen. Und erst als sich infolge dieses schlimmen Doppelfehlers ein Wahldebakel für die bayerische CSU abzeichnete, änderte man die Kommunikation.

Die Schärfe der Anfeindungen, denen Angela Merkel ausgesetzt war, hatte aber noch einen anderen Grund. Grundsätzlich hatte sie der Bürgerschaft mit ihrem Politikstil ja eine eher passive Haltung angetragen. Trotz aller internationaler Krisen wägte eine breite Mitte sich von den Stürmen des Weltgeschehens unberührt und gab sich dem allvertrauenden Gefühl eines »Mutti wird's schon richten« hin. Und tatsächlich war ja bis zu diesem Zeitpunkt auch dank Angela Merkel von den Krisen der Welt in Deutschland vergleichsweise wenig zu spüren.

Angela Merkel wurde zu einer positiven Projektionsfläche, die für viele Bürgerinnen und Bürger sehr bequem war und von eigenem Nachdenken und Handeln entlastete. Und da das, was sie tat, ja irgendwie Hand und Fuß hatte, fiel nur sehr selten ein dringender Erklärungsbedarf an. Genau das rächte sich im Zusammenhang mit der Flüchtlingskrise. Hier entstand plötzlich eine große Erklärungslücke, die zusätzlich noch aus der eigenen Union immer weiter aufgerissen wurde. Die positive Projektion schlug deshalb schnell in eine negative um. Plötzlich war Angela Merkel nicht mehr die, die alles zuverlässig richtete, sondern verantwortlich für alle Probleme dieser Welt.

Doch trotz aller Widrigkeiten widersetzte sie sich der populistischen Versuchung. Sie verweigerte die allzu einfachen Antworten. Das unterscheidet sie von führenden Politikern in anderen Ländern, nicht zuletzt solchen aus genuin konservativen Parteien außerhalb der christdemokratischen Tradition. Die Kanzlerin ging nicht den Weg von Boris Johnson bei den Tories oder den von Donald Trump bei den US-Republikanern. Sie übte auch keinen demonstrativen Schulterschluss mit Populisten wie Viktor Orbán, sondern hielt ihre CDU in der Spur der liberalen Demokratie. Dies wird sich vielleicht einmal als eines ihrer größten Verdienste erweisen. Denn die Parteien der gemäßigt rechten Mitte sind ein entscheidendes Bindemittel, um Menschen, die von den gegenwärtigen Umbrüchen verunsichert sind, in der Demokratie zu halten. Und obwohl ich als Grüner viel an der vorfindlichen Christdemokratie auszusetzen habe, sage ich mit Nachdruck: Moderne Christdemokraten, die ihren Grundprägungen treu bleiben, sind eine Lebensversicherung für unsere Demokratie.

Coronakrise

Die im Verlauf der Flüchtlingskrise ins Trudeln geratene Kanzlerin konnte ihre Position auch mit einem Verzicht auf den CDU-Vorsitz nicht einfach stabilisieren. Nicht durch die Arbeitsteilung mit Annegret Kramp-Karrenbauer, sondern erst mit ihrer Arbeit während der Coronakrise konnte sie die Mitte zurückerobern. Hier war die Naturwissenschaftlerin, die die Wahrheit in den Tatsachen sucht, in ihrem Element. Ihre Linie in diesen Monaten, nämlich große Vorsicht walten zu lassen, auf die Wissenschaft zu hören und für eine einheitliche Linie in Bund und Ländern zu werben, war der meinen sehr nahe. Als Biologe hatte und habe auch ich von Haus aus großen Respekt vor dem Virus.

Die erste Welle erreichte Deutschland zeitversetzt zu den Nachbarländern. Deutschland konnte deshalb aus den Erfahrungen anderer lernen und rechtzeitig und entschieden genug reagieren. Die Bevölkerung sammelte sich um die Exekutive und nicht zuletzt um die Kanzlerin, deren Zustimmungswerte wieder alte Höchststände erreichten.

Deutschland ist vergleichsweise gut durch die Pandemie gekommen, und es ist ein kleines Wunder, dass so schnell wirksame Impfstoffe gefunden wurden. Aber wir konnten die zweite und dritte Welle nicht verhindern. Die vorsichtige Linie der Kanzlerin, die ich auch hier teilte, hat sich nicht schnell genug durchgesetzt.

Ein besonderes Problem war auch der schleppende Beginn der Impfungen in Deutschland – auch im Vergleich zu anderen Ländern wie etwa den USA oder Israel. Die Pandemiemüdigkeit, die schließlich einsetzte, wurde davon verstärkt und warf schließlich auch Schatten auf die Kanzlerin und ihre Regierung. Angela Merkel – die

Mahnerin zur Vorsicht, die vielen in diesen Monaten Sicherheit gab – blieb beliebt und geachtet, aber sie zahlte einen politischen Preis. Es wird unbedingt zu reflektieren sein, welche Konsequenzen wir aus der Pandemie ziehen, wie unsere Gesellschaft resilienter gegenüber globalen Krisen wird, um sie in Zukunft besser zu meistern.

Klimakrise

Corona schärfte den Blick dafür, wie sehr wir Menschen in den Naturzusammenhang eingebunden sind und bleiben – trotz aller Wissenschaft und Technik, mit der wir unsere Handlungsfähigkeiten in der Natur so sehr erweitern. Die großen ökologischen Krisen der Gegenwart, die Klimakrise und das Artensterben, sind sogar direkte Auswirkungen der menschlichen Natureingriffe. Angela Merkel war nicht zuletzt als Umweltministerin unter Helmut Kohl mit den Problemen konfrontiert. Als Kanzlerin erwuchs für sie daraus eine Zeit lang der Anspruch, Klimakanzlerin sein zu wollen. Den dokumentierte sie 2007 auf einem berühmten Foto – im roten Anorak vor einem abschmelzenden Eisberg in Grönland.

Doch der gekonnten Inszenierung folgte zu wenig entschlossenes politisches Handeln. Zwar hat die Kanzlerin die Verantwortung der Industrieländer für den Klimawandel auf dem internationalen Parkett klar angesprochen. Und sie hat dazu beigetragen, dass das Pariser Klimaschutzabkommen zustande kam und verbindliche internationale Ziele benannt wurden. Aber im Verhältnis zum Glanz der langfristigen Ziele bewegte sich im Innern viel zu wenig. Der Umstieg auf die erneuerbaren Energien wurde zu wenig entschlossen vorangetrieben, der Kohleausstieg zu lange verschleppt.

Zum Ende ihrer Kanzlerschaft bestimmte das Klimathema dann mit großem Nachdruck die politische Debatte – durch die immer sichtbareren Auswirkungen des Klimawandels und auch durch die Schülerproteste der Fridays-for-Future-Bewegung, die mit allem Recht darauf hinwies, wie sehr ihre eigene Lebensperspektive durch eine zu zögerliche Klimapolitik bedroht ist. Die Große Koalition sah sich zum Handeln gezwungen und verabschiedete 2019 ein Klimapaket, das im Entwurf jedoch wiederum sehr halbherzig geriet und vom Bundesverfassungsgericht teilweise wieder einkassiert wurde. Erst in den Verhandlungen mit den Ländern war überhaupt ein CO_2-Preis durchgesetzt worden, der zumindest eine gewisse Steuerungswirkung entfaltet. Dennoch konnte Angela Merkel auch hier, wie bei der Europapolitik, zum Schluss ihrer Amtszeit noch einmal wichtige Akzente setzen.

Ausblick

Es wäre historische Hybris, schon heute ein abschließendes Urteil über die Kanzlerschaft Angela Merkels fällen zu wollen. Klar ist, dass sie in einer ganzen Abfolge von großen globalen Krisen entscheidend dazu beigetragen hat, dass unser Land in vielem erfolgreich und gestärkt in eine neue Zeit hineinwuchs. Sie hat das Land als Lotsin erfolgreich durch die Untiefen der Zeit gesteuert. Das allein ist eine große Leistung, mit der sie eine Ära geprägt hat. Gleichzeitig hat sie ihrer Partei eine modernere Anmutung gegeben. Dass die Union sich heute noch als Volkspartei fühlen darf, hat viel mit ihr zu tun. Und auch damit hat sie die Messlatte für ihre Nachfolger hoch gelegt.

Bei aller Kritik an konkreten Inhalten hat ihr vorsichtiger und pragmatisch abwägender Stil sich als richtiges Grundrezept erwiesen. Angela Merkel regierte weder dogmatisch noch charismatisch, sondern pragmatisch. Das entspricht sowohl ihrem politischen Naturell wie auch dem schwierigen Amt einer Kanzlerin in unserer parlamentarisch-föderalen Demokratie, das ja prinzipiell eine große Kompromissorientierung voraussetzt – und es umso mehr tut, als wir es heute mit einer besonderen Ausdifferenzierung des Parteiensystems zu tun haben. Denn heute sitzen nicht mehr nur drei, sondern sechs Parteien im Bundestag – oder sogar sieben, wenn man die beiden schwarzen Schwestern, die sich ja nicht immer grün sind, einzeln zählt. Und auch der Bundesrat weist eine früher nicht gekannte

Vielfalt an Regierungsbündnissen auf. Der Versuch, das besondere Pathos eines direkt vom Volk gewählten amerikanischen oder französischen Präsidenten als Vergleichsmaßstab an unser höchstes Regierungsamt herantragen zu wollen, würde mehr denn je in die Irre führen.

Kanzlerin Merkel hielt unter krisenhaften Bedingungen die Fäden nicht nur zusammen, sodass Deutschland ein Stabilitätsanker in Europa blieb. Sondern sie hat der Kanzlerinnenrolle selbst Facetten hinzugefügt, die in der sich pluralisierenden Gesellschaft und unserem sich weiter ausdifferenzierenden politischen System entscheidend wichtig sind. Die Fähigkeit, Politik auch jenseits der alten Lagergrenzen zu machen und dabei auch komplizierte Kompromisse einzugehen, wird immer wichtiger. Es handelt sich auch um eine Frage der demokratischen Reife unserer ganzen politischen Klasse, die an dieser Stelle viel von Angela Merkel lernen kann: aus weltanschaulich-politischer Orientierung keine Ideologie zu machen. Aus Grundsatztreue keine Prinzipienreiterei. Und bei aller Liebe zu großen und gesellschaftlichen Entwürfen nicht zu vergessen, dass Politik eine ungemein pragmatische Angelegenheit ist.

Und wer weiß, vielleicht werden uns in der bunten und pluralen Situation von heute Regierungen jenseits der alten Lager ganz normal vorkommen. In vielen Ländern der Bundesrepublik oder auch in anderen europäischen Staaten sind sie längst an der Tagesordnung.

Angela Merkels Amtsführung bestärkt die Hoffnung, dass unsere Demokratie auch in einer vielfältigen und hoch ausdifferenzierten Gesellschaft gut funktionieren kann. Denn nur eine gut funktionierende Demokratie als Ergebnis pragmatischer Politik kann das im öffentlichen Raum lebendig halten, worum es eigentlich geht: »Der Sinn von Politik ist Freiheit.« (Hannah Arendt)

Inszenierung über die Sache:
Wie regiert Angela Merkel?

Von Thomas de Maizière

Der Tisch

Angela Merkel regiert in ihrem Amtszimmer an ihrem Bespre-
chungstisch. An ihm haben rund zehn Personen Platz. Auch ihre
Akten bearbeitet sie dort. An ihrem großen Schreibtisch sitzt sie dagegen nur selten. Dort hat nur ein Mensch Platz, ein weiterer allenfalls gegenüber. Die Nutzung von Tisch und Schreibtisch, das sagt
viel über die Person von Angela Merkel aus, aber auch über ihre Art
zu regieren.

Es gibt viele Betrachtungen zu Angela Merkels Regierungsstil.
Die meisten vernachlässigen aber die Bedingungen, unter denen ein
Bundeskanzler heutzutage national und international regieren muss.
International gilt Angela Merkel als die mächtigste Frau der Welt.
Das Grundgesetz hat das Amt des Bundeskanzlers stark ausgestal-
tet. »Auf den Kanzler kommt es an«, so hieß es auf einem Wahlpla-
kat für die CDU im Jahre 1969. Und so erwartet es die Öffentlich-
keit bis heute. Rechtlich und faktisch sind die Möglichkeiten für die
Bundeskanzlerin Angela Merkel allerdings viel schwächer, als dies
die Öffentlichkeit erwartet. Das Regieren in Koalitionen verlangt die
Herbeiführung von Konsens zwischen den Koalitionspartnern. Die
Richtlinienkompetenz endet in der Regel beim Koalitionspartner.
Die Bundestagsfraktionen der Koalition erwarten eine Abstimmung
mit ihnen, bevor die Bundesregierung etwas beschließt. Für viele
Dinge des öffentlichen Lebens ist der Bund nicht zuständig, obwohl

die Bürgerinnen und Bürger ein Handeln des Bundes erwarten. Die wichtigsten, vor allem die finanzträchtigen Themen verlangen Einigungsgespräche zwischen Bund und Ländern. Das Erfordernis der Einstimmigkeit macht es Neinsagern einfach. Zuständigkeiten und damit Einfluss des Bundes werden gegenüber den Bundesländern mit einem »goldenen Zügel«, also mit Geld vom Bund erkauft. Durchregieren ist unter diesen Bedingungen kaum möglich. Auch international sind die wichtigsten Gremien der NATO, der Europäischen Union, der G7- oder G20-Konferenzen auf Einstimmigkeit angelegt. Auch hier geht es stets um mühsame Verhandlungen zur Herbeiführung eines Konsenses. Einfluss ausüben, das zählt, ein Machtwort gibt es hier nicht.

Erfolgreiches Regierungshandeln unter diesen Bedingungen verlangt die Fähigkeit zu moderieren, zu schlichten, Konflikte auszuhalten. Regierungshandeln in einer solchen Verhandlungsdemokratie besteht aus der Abschichtung von Komplexität, aus dem Management von Verflechtungen, aus dem Schmieden von Kompromissen und der notwendigen Zufriedenheit mit dem zweitbesten Ergebnis. Angela Merkel beherrscht diese Form des Regierungshandelns perfekt. Es ist mühsam, langwierig, unspektakulär und unübersichtlich, schwer zu erklären und zu kommunizieren. Die große Erklärung, das Narrativ, die Vision, all das hat es schwer in den Mühen der Zuständigkeiten, Besitzstände und Pfadabhängigkeiten.

An dem »Regierungstisch« von Angela Merkel ist für viele Menschen Platz, natürlich nicht gleichzeitig. Viele unterschiedliche Persönlichkeiten mit unterschiedlichen Interessen und Meinungen haben hier gesessen. An diesem Tisch bestimmt sie, wer auf welchem Platz sitzt: Vertraute neben ihr, Verhandlungspartner gegenüber. Nicht nur sie selbst ist gut vorbereitet. Für jede und jeden ist eine Tasse mit Kaffee oder Tee vorbereitet. Wasser und Saft stehen auf dem Tisch. Der Kreis der Begleiterinnen oder Begleiter bleibt klein. Sie mag es, wenn sie jemanden an ihrer Seite hat. Die anderen Gesprächspartner kommen allein. Wenige und dünne Akten liegen vor ihr. Die Vermerke aus dem Kanzleramt sind gut und kurz. Den

Rest hat sie ohnehin im Kopf. Wer ihr gegenübersitzt, muss auf sie schauen, hinter ihr auf eine Wand. Sie selbst und ihre Mitarbeiter schauen auf eine goldene Oase im Miniaturformat, in den Park oder auf das Gebäude des Parlaments. So entsteht Weite.

Ganz selten bittet sie in ihrem Amtszimmer auf ein Sofa. Das ist dann Ausdruck einer besonderen Wertschätzung oder eines besonders schwierigen Gesprächsgegenstandes.

Es gibt viele andere Tische, nicht nur im Kanzleramt, an denen Angela Merkel sitzt und verhandelt. Besonders schön sind der ovale Tisch für die Sitzungen des Kabinetts und der große runde Tisch im großen Sitzungssaal des Kanzleramts. Aber dieser Arbeitstisch in ihrem Amtszimmer sagt viel über die Bedingungen aus, mit denen sie umgehen muss, um erfolgreich zu regieren.

Die Methode

Angela Merkel regiert durch Gespräche. Natürlich weiß sie zu Beginn eines Gesprächs, was sie will. Aber oft wird das konkrete Ergebnis eines Gesprächs erst in diesem entwickelt. Ihr Kanzlerleben besteht aus immer wiederkehrenden, ritualisierten und doch wichtigen Gesprächen: vor dem Kabinett, mit dem Vizekanzler, im Kabinett, mit den Ministerpräsidenten der eigenen Partei am Vorabend jeder Bundesratssitzung, im Koalitionsausschuss, im Präsidium und Bundesvorstand der CDU, mit der CSU. Es vergeht kaum eine Woche, in der nicht ein internationaler Regierungschef nach Berlin fliegt und ein Gespräch mit Angela Merkel führt. Umso mehr Wert legt sie auf solche Gesprächsrunden, die sie selbst bestimmen kann. Dazu gehört die Morgenrunde im Kanzleramt, bei der die vertraulichen Dinge mit ihren Vertrauten besprochen werden. Niemand erzählt etwas davon. Dazu gehören Gesprächsrunden am Sonntagabend, bei denen im kleinen Kreis strategische Fragen erörtert werden. Und dazu gehören Gespräche mit externen, oft unpolitischen Gesprächspartnern, die sie wichtig findet. Aus diesen Gesprächen schöpft Angela Merkel Kraft. Hier findet sie neue Ideen, hier testet sie auch neue Ideen.

Angela Merkel regiert am Telefon. Keine schwierige Sitzung, zu der sie nicht vorher mit den wichtigsten Gesprächsteilnehmern einzeln in einer wohl überlegten Reihenfolge telefoniert hat. Vor jedem komplizierten Europäischen Rat telefoniert sie mit anderen Regierungschefs. Eine ständige Abstimmung gibt es mit dem französischen Präsidenten. Mit allen US-Präsidenten hielt sie – unterschiedlich intensiv – regen Telefonkontakt. Wahrscheinlich gibt es keinen internationalen Regierungschef, mit dem Wladimir Putin so oft telefoniert hat wie mit Angela Merkel. Schon vor dem Ausbruch der Covid-19-Pandemie nutzte sie übrigens das Element des Videoanrufs in einem eigens dafür eingerichteten Raum im Kanzleramt. Selbst in ihrem Urlaub vergeht kaum ein Tag ohne ein wichtiges Telefonat. In solchen Telefonaten erfragt sie bei dem Gesprächspartner seine Meinung zu dem anstehenden Thema und lotet Kompromisslinien aus. Das Vertrauen, das sie weit über (partei-)politische Grenzen hinaus und international genießt, beruht wesentlich auf diesen Telefonaten.

Angela Merkel regiert durch SMS. Ein wichtiges Austausch- und Informationsmittel ist für Angela Merkel das Empfangen und das Versenden von kurzen Nachrichten per SMS. Ihre Handynummer ist ziemlich weit verbreitet. Sie wurde selten geändert. Und wer ihr eine SMS schreibt, bekommt in der Regel innerhalb von Stunden eine Antwort. Der SMS-Verkehr sichert ihr auch eine tägliche und frühzeitige Einflussnahme auf Entwicklungen. Schon wegen der erforderlichen Kürze solcher Nachrichten gibt es hier klare Worte. Umso mehr setzt sie auf Vertraulichkeit. Kaum etwas ist für sie schlimmer als das Weiterleiten oder die Veröffentlichung einer ihrer SMS. Sie merkt sich, wer das tut. Und es bekommt ihm oder ihr nicht gut …

Angela Merkel regiert durch informelle Netzwerke. Diese Netzwerke reichen weit über das traditionelle politische Establishment in die Wissenschaft, in die Wirtschaft und in die Kultur hinein. Der konkrete und persönliche Erfahrungshorizont einer Bundeskanzlerin ist durch die Terminfülle und die Sicherheitserfordernisse begrenzt. Umso mehr helfen ihr diese Netzwerke, eine andere als

»nur« die politische Perspektive einzunehmen und außerpolitische Denk- und Verhaltensweisen zu verstehen. Angela Merkel nutzt auch Netzwerke, um jenseits politischer Zuständigkeiten und traditioneller Formate gesellschaftlichen Einfluss auszuüben. So gibt es Integrations- und Bildungsgipfel, bei denen Vertreter gesellschaftlicher Gruppen unmittelbar mit ihr zusammentreffen. Die Beschlüsse solcher Gipfel sind meist nicht so wichtig wie die Treffen selbst. Die Gesprächsteilnehmer berichten dann in ihren Resonanzfeldern von den Gesprächen und bringen zugleich ihre Sichtweisen in das Regierungshandeln ein. Ich habe viele Menschen erlebt, die voller Vorurteile in solche Gespräche gingen, die aber dann doch von der Persönlichkeit und der Gesprächsführung von Angela Merkel beeindruckt waren.

Angela Merkel regiert durch Lesen. Der Tag einer Bundeskanzlerin hört nie auf. Die Arbeit endet nicht. Und dennoch liest Angela Merkel viel. Ich weiß nicht, wann sie die Zeit dafür findet. Das Lesen prägt sie. Und sie teilt das auch mit. So war sie zum Beispiel sehr beeindruckt von dem kleinen Büchlein von Thomas Bauer »Die Vereindeutigung der Welt. Über den Verlust an Mehrdeutigkeit und Vielfalt«. Sogar im Präsidium der CDU wurde darüber diskutiert: über die Notwendigkeit, Ambiguität auszuhalten, während die Welt nach Eindeutigkeit verlangt.

Angela Merkel regiert über die Sache. Nach einer Gesprächsrunde mit führenden Vertretern der deutschen Wirtschaft sagte mir einmal einer von ihnen: »Die Bundeskanzlerin interessiert sich ja wirklich für uns und unsere Sache. Das hat uns erstaunt.« Diese Erfahrung haben viele gemacht. Einem Problem nähert sich Angela Merkel zuerst so, dass sie fragt, um was es geht, und erst danach um wen. Ein politisches Problem verschärft sich oft dadurch, dass es personell aufgeladen ist oder es insbesondere wegen öffentlicher Vorfestlegung um Gesichtswahrung geht. Die Berichterstattung konzentriert sich dann vor allem auf die Frage, wer gewinnt und wer verliert. Einen solchen Konflikt versucht Angela Merkel immer über die Sachebene zu lösen. Sie entkleidet das Problem aller politischen Nebeneffekte, um zu seinem sachlichen Kern vorzustoßen. Sie zerkleinert übergroß erscheinende politische Probleme in für alle Beteiligten lösbare Häppchen. Mit dieser Methode stärkt sie auch wegen ihrer überragenden Sachkenntnis ihre persönliche Position. Denn (parteipolitische oder parteiische) Positionen vortragen kann jede oder jeder, in der Sache sattelfest argumentieren aber nicht. Imponiergehabe zerschellt dann an der Problemlösung. Ein »vernünftiges« Ergebnis so zu erzielen ist ihr das liebste.

Die Eigenschaften

Mit diesem Beitrag will ich nicht bewerten, ob diese Methoden des Regierens von Angela Merkel die einzig richtigen sind, um in unseren Zeiten unübersichtlicher, pluralistischer, auf Konsens angelegter Verflechtungen erfolgreich regieren zu können. Ja, ich will hier nicht einmal darüber urteilen, ob die Regierungszeit von Angela Merkel für Deutschland, für die Welt oder auch für die CDU dadurch besonders erfolgreich war. Das wäre ein anderes, natürlich auch wichtiges Thema. Mir kommt es mit diesem Beitrag über Angela Merkel vielmehr auf das Regieren als Vorgang an. Regieren kann nicht erfolgreich sein, wenn die Methode des Regierens nicht zur Person des Regierungschefs und zu den Bedingungen des Regierungshandelns passt. Angela Merkel hat sich die Zeitläufe nicht ausgesucht. Aber ihre Regierungsmethode hat dazu und zu ihr gepasst.

Das hat viel mit ihren Eigenschaften zu tun: Angela Merkel ist diszipliniert und höflich. Das müsste eigentlich für jede Führungspersönlichkeit selbstverständlich sein, ist es aber nicht (mehr). Wir erleben vielmehr gerade in der internationalen Politik viele undisziplinierte und unhöfliche Persönlichkeiten. Das mag spektakulär sein und kurzfristige Zustimmung und großes Interesse auslösen. Wenige von ihnen haben es mit dieser Methode allerdings geschafft, 16 Jahre zu regieren … Die Disziplin von Angela Merkel ist Teil ihrer Erziehung und hat viel mit Selbstdisziplin zu tun. Ich weiß, dass sie manche Menschen nicht mag. Sie würde es nie zeigen. Nur mit ihrer Disziplin ist sie imstande, ihr Arbeitspensum zu erledigen und emotionale Ausschläge zu verkraften. Ihre Höflichkeit ist frei von jeder Herablassung. Letztlich begegnet sie jedem Menschen, ganz gleich, welche Funktion er oder sie hat, in gleicher Weise: nicht überheblich gegenüber den »kleinen Leuten« und nicht demütig oder kumpelhaft gegenüber den »Großen« dieser Welt.

Angela Merkel ist neugierig und vergisst nichts. Ihre Intelligenz ist überragend. Ihr Gehirn scheint ein unbegrenztes Fassungsvermögen zu haben. Unsereiner entlastet sich, indem er scheinbar unwichtige Dinge vergisst. Angela Merkel erinnert sich an Details, die lange zurückliegen. Oftmals erinnert sie einen Gesprächspartner daran, dass er beim letzten Mal etwas anderes erzählt habe. Das ist dann peinlich. Juristen gegenüber ist sie vielleicht am skeptischsten, weil sie mit ihrem naturwissenschaftlichen Denkansatz wenig Verständnis dafür hat, dass viele (Verfassungs-)Juristen uneindeutig sind und so krass unterschiedliche Meinungen vertreten. Angela Merkel ist auch in der Sache ehrgeizig. Als sie 2013 das Internet als »Neuland« bezeichnet hatte, erntete sie Hohn und Spott von denjenigen, die schon lange im Internet unterwegs sind. Wenig später diskutierte sie mit einem jungen Vertreter der Internetwelt und brachte ihn ganz schön in Verlegenheit, weil sie Dinge besser wusste und Zusammenhänge besser verstand als er.

Angela Merkel ist empathisch und hat eine Antenne für die Stärken und Schwächen von Personen. Ihr sachlicher Zugang zu Problemen hält sie nicht davon ab, Personen zu studieren. Sie bereitet sich akribisch auf neue wichtige Gesprächspartner vor wie zum Beispiel vor ihrem ersten Gesprächstermin mit Präsident Donald Trump. Das zeigt sie dann auch gern, indem sie scheinbar nebenbei auf wichtige Details eines Lebenslaufes eingeht. Sie erinnert gern an das letzte Gespräch mit dem jeweiligen Gesprächspartner, sodass die Anknüpfung daran auch menschlich leichter fällt. Ist jemand krank oder von einem persönlichen Schicksal getroffen, so erfährt sie das schnell und geht darauf sensibel ein. Diese Eigenschaft ist nicht nur menschlich angenehm, sondern sie macht Angela Merkel auch politisch erfolgreich. So schließt sie über persönliche Beziehungen die Herzen selbst härtester Männer auf. Sie stützt sie, wenn sie Schwächen zeigen, und das vergessen sie ihr nicht.

Angela Merkel ist hart und machtbewusst. Ich habe sie zwar nicht als »männermordende schwarze Spinne« erlebt, aber in ein Amt wie das der CDU-Parteivorsitzenden und Bundeskanzlerin kommt man nicht ohne Härte, und man bleibt nicht im Amt ohne Machtinstinkt. Überrascht hat mich immer nur, wie viele Menschen und Beobachter darüber erstaunt waren, insbesondere männliche, so als passe Frau und Macht nicht zusammen. In der Demokratie geht es natürlich auch um Machteroberung und Machterhalt, aber eben nicht nur. Angela Merkels Machtausübung ist leise, aber wirksam. Wenn sie eine harte Personalentscheidung getroffen hat, dann wird sie in der Öffentlichkeit kein böses Wort über denjenigen verlieren, von dem oder von der sie sich gerade getrennt hat. Sie hat ein gutes Gespür für Illoyalität, nicht nur ihr persönlich, sondern auch der Sache gegenüber. Das merkt sie sich, und oft kommt eine Reaktion erst viel später.

Angela Merkel hat aus der Nichtdarstellung eine Inszenierung gemacht. Anders als Helmut Kohl und Gerhard Schröder hat sie nicht die Gabe des großen Auftritts auf den ersten Blick. Und schon gar nicht hat sie die Aura eines Barack Obama. Das wurde ihr zu Beginn ihrer Amtszeit als Schwäche ausgelegt, dann als Unvermögen. Inzwischen ist der bescheiden-unspektakuläre Auftritt ihr eigenes und höchst wirksames Stilmittel geworden. Vielleicht könnte sie es auch gar nicht anders. Jedenfalls sind alle ihre Auftritte sorgsam vorbereitet: Hier kommt die Normale. Und zugleich verkörpert dieses Auftreten ihr Amtsverständnis.

Angela Merkel ist zuversichtlich und skeptisch zugleich. Ihr protestantischer Glaube gibt ihr die Kraft, zuversichtlich zu leben. »Wir schaffen das«, das war ein Satz, der sich im Sommer 2015 aus dem Zusammenhang gerissen zu einem Mythos verselbstständigt hat. Aber er entspricht der Geisteshaltung von Angela Merkel. Diese

Grundzuversicht verbindet sich allerdings mit einer skeptischen Erwartungshaltung. Angela Merkel erwartet eigentlich immer weniger, als möglich ist. Das macht sie enttäuschungsresistenter als viele andere. Sie übertrifft gern Erwartungen – auch an sich selbst –, und sie freut sich darüber, wenn sich Dinge besser entwickeln, als sie es vorher erwartet hatte.

Die Entscheiderin

Die Meinungen über Angela Merkels Regierungsstil sind geteilt. Die einen meinen, sie sei eine Meisterin des Abwartens und des Moderierens und schlage sich dann nur noch auf die Seite derjenigen, die ohnehin gewonnen hätten. Die anderen sagen, in Wahrheit wäre sie eine Machtpolitikerin, die ohne Rücksicht auf ihre bisherigen Auffassungen einsame und unabgestimmte Entscheidungen treffe und damit zwar ihr eigenes Profil stärke, aber das Profil der CDU oder auch das Profil Deutschlands damit geschwächt habe. Ein genauerer Blick auf die Entscheidungen, die in diesem Zusammenhang immer genannt werden, führt zu einem differenzierteren Bild.

Der Bruch mit Helmut Kohl 1998 war sicher eine einsame und mutige Entscheidung. Die Sparergarantie während der Finanzkrise 2008 war dagegen eine Gemeinschaftsentscheidung mit dem damaligen Finanzminister. Die Aussetzung der Wehrpflicht hat nicht Angela Merkel erfunden. Sie hat vielmehr den richtigen, aber sehr spontanen Vorschlag des damaligen Verteidigungsministers zu Guttenberg 2010 in ein geordnetes Verfahren bis hin zu einem Parteitagsbeschluss geführt. Zum Ausstieg aus der Kernkraft 2011 wurde sie zwar massiv von den Wahlkämpfern der CDU in Baden-Württemberg gedrängt. Es trifft aber zu, dass der Eintritt einer bis dahin für unmöglich gehaltenen Wahrscheinlichkeit eines Atomunfalls ihr Denken auch persönlich verändert hat. Insoweit war der Ausstieg auch eine persönliche Entscheidung. Alle diejenigen, die das jetzt für verfrüht und übereilt halten, haben damals überwiegend geschwiegen und jedenfalls nicht widersprochen.

Die Entscheidung von Angela Merkel zur Aufnahme von Flüchtlingen vom Bahnhof in Budapest am 5. September 2015 war eine humanitäre Antwort auf eine dringende Anfrage des ungarischen und des österreichischen Ministerpräsidenten und nicht irgendeine eigene Eingebung. Und im Umgang mit der Coronakrise 2020/21 waren ihre abweichenden Annahmen, die dann nur teilweise in Entscheidungen umgesetzt wurden, meistens zutreffend. Angela Merkel kann auch Fehler zugeben. Das hat sie mehrfach getan und zuletzt spektakulär während der Coronakrise im März 2021. Aber sie kann auch stur sein, wenn es darum geht, einmal getroffene Entscheidungen, die sie für richtig hält, zu verteidigen.

Das Bild

Hätte Angela Merkel in einer anderen Welt anders regiert, in einem Deutschland, einer EU und in einer internationalen Konstellation, die übersichtlicher und nicht so ineinander verflochten ist? Musste sie sich verbiegen, um immer wieder geduldig und nochmals geduldig in ewigen Runden der immer gleichen Leute auf einen Kompromiss hinzuwirken, um wenigstens irgendetwas zu erreichen? Wir leben nicht in den politischen Verhältnissen der USA, von Brasilien oder Großbritannien, sondern in unserem komplizierten, vielfach verflochtenen, konsensorientierten und liebgewonnenen Deutschland. Kann ein anderer Typus von Politiker in einem solchen System erfolgreich sein? Wir werden es erleben. Angela Merkel ist so, wie sie ist, und sie musste in einem politischen System regieren, das so ist, wie es ist.

Einen kleinen Hinweis gibt es vielleicht doch: Hinter ihrem Schreibtisch, an dem sie so selten sitzt, hängt ein Porträt von Katharina der Großen. Sie pflegte nun wirklich keinen moderierenden Regierungsstil. Angela Merkel hat selbst entschieden, dass dieses Bild dort hängt. Vielleicht denkt sie manchmal: Wären die Zeiten anders, dann könnte ich häufiger allein entscheiden. Aber die Zeiten sind nicht so. Und deshalb sitzt sie nicht allein am Schreibtisch, sondern mit vielen an ihrem »Regierungstisch«.

»Wir schaffen das!«
Ein kommunaler Blick auf die europäische Migrationskrise

Von Henriette Reker

Prolog

Nennen Sie ein Zitat, das Sie mit Angela Merkel verbinden! Die meisten Deutschen würden sicherlich antworten: »Wir schaffen das!«[1] – ein Satz aus der Sommerpressekonferenz 2015, der sich im kollektiven Gedächtnis eingebrannt hat wie wohl kaum ein anderer dieser Kanzlerinnenschaft. Zunächst positiv aufgenommen, wurden diese Worte umso vehementer gegen Angela Merkel verwendet, je länger sie in der Welt waren.[2]

Sechs Jahre nach dieser Sommerpressekonferenz versuche ich mit kühlem Kopf und einem praxisnahen, kommunalen Blick zu erklären, warum der Satz im Kontext der bis dato größten Migrationsbewegung im Europa des 21. Jahrhunderts richtig war und richtig bleibt. Ich möchte deutlich machen, wer in Köln – wie in vielen anderen deutschen Kommunen – damals was geschafft hat. Und ich möchte erläutern, warum die Entscheidung für die offen gehaltene deutsche Grenze im September 2015 aus meiner Sicht so wichtig war.

Die politischen Ereignisse des Sommers 2015 zu verstehen, gelingt nicht, ohne sich dreier Schlüsselereignisse zu erinnern, die sich innerhalb weniger Tage zu einem großen Entsetzen verdichteten: Am 27. August 2015 wurden in einem LKW bei Wien 71 erstickte Geflüchtete gefunden. Am 2. September spülte das Mittelmeer die

Leiche des zweijährigen syrischen Jungen Alan Kurdi an die türkische Küste – er war auf der Flucht nach Griechenland ertrunken. Am 4. September formierten sich rund 3000 Geflüchtete, die im Hauptbahnhof von Budapest unter elenden Bedingungen Unterschlupf gefunden hatten, zu einem »March of Hope«, der sich Richtung Österreich und Deutschland in Bewegung setzte.

Schon vor diesen Ereignissen hätte man um die Not der Geflüchteten an und innerhalb der Grenze Europas wissen können. Im April hatte sich eins der schlimmsten Flüchtlingsunglücke im Mittelmeer mit 845 Ertrunkenen ereignet.[3] Auch die steigenden Zahlen von Geflüchteten in der Europäischen Union (EU) waren bekannt: 2014 waren knapp 630 000 Asyl-Erstgesuche in der EU gestellt worden – über doppelt so viele wie drei Jahre zuvor.[4] Als damalige Kölner Sozialdezernentin erwartete ich spätestens seit jenem Jahr eine kraftvolle europäische Antwort auf die Fluchtbewegung. Doch sie blieb aus. Die Finanz- und Wirtschaftskrise beherrschte die Tagesordnung in Brüssel und Berlin. Und so erzwangen die Geflüchteten eine Reaktion: An den Toren Mitteleuropas baten sie um Schutz. Die entscheidende Frage war: Bleibt Europa eine Festung? Oder haben wir die Verpflichtung, den erbotenen Schutz zu gewähren? Die Fragen zeigen: Es handelt sich mitnichten um eine »Flüchtlingskrise«, sondern um eine europäische Migrationskrise.

Wir

Drei Worte: Subjekt, Prädikat, Objekt. Ich habe am Satzende stets ein fett gedrucktes Ausrufezeichen mitgedacht: »Wir schaffen das!« Keine Aussage, sondern ein Appell! Aber beginnen wir nicht hinten beim Ausrufezeichen, sondern vorn: beim »Wir«. Angela Merkel hat damit sicherlich die deutsche Gesellschaft gemeint. Ich möchte dies präzisieren – und zwar aus Sicht einer deutschen Kommune, die für die Unterbringung, Versorgung und Integration einer gesetzlich festgelegten Quote an Asylsuchenden zuständig war und zum eigentlichen Schauplatz der Migrationskrise wurde.

In meiner Verantwortung hatte bereits seit Ende 2010 die Unterbringung und Integration Geflüchteter in Köln gelegen. 2015 bewarb ich mich in der Stadt darum, als Oberbürgermeisterin die Integration der Geflüchtete zur Chefinnensache zu machen. Wer sich um die Geflüchteten in Köln kümmerte, konnte ich Angela Merkel daher klar benennen, als wir uns am 4. September 2015 in der Kölner Flora trafen – kurz bevor sie entschied, die Grenzen für die über die Balkanroute Geflüchteten offen zu halten. Aus meiner Sicht waren die wesentlichen Akteure in Köln: die Geflüchteten selbst, die demokratischen Parteien, die Stadtverwaltung – insbesondere mein Sozialdezernat sowie die Task Force Flüchtlingsunterbringung, der Runde Tisch für Flüchtlingsfragen, rund 60 ehrenamtliche Initiativen, der Kölner Flüchtlingsrat und weitere haupt- und ehrenamtliche Helfende im sozialen Bereich.

Am Rande des 70. Geburtstages der nordrhein-westfälischen CDU hatte ich die Gelegenheit, Angela Merkel über die Lage vor Ort und zum Kölner »Wir« zu informieren, bevor sie die Veranstaltung verließ. An diesem 4. September 2015 konnten weder sie noch ich vorhersehen, wie stark die Zahl der Geflüchteten noch ansteigen würde. Doch die Ausgangslage war uns beiden bewusst. Da waren einerseits die schrecklichen Ereignisse auf der hoch frequentierten Balkanroute und die katastrophale Lage in den überfüllten griechischen Lagern – eine humanitäre Notlage. Und da waren andererseits die deutschen Kommunen, die von Jahr zu Jahr mehr Geflüchtete unterzubringen hatten.

Meine Position entspricht der des Schriftstellers und Kölner Ehrenbürgers Heinrich Böll: »daß man Menschenleben retten soll, wo man sie retten kann«[5]. Selbst wenn es schwer würde. Köln hatte und hat die Kraft und mehrheitlich den Willen dazu. Dies sage ich nicht trotz der Schwierigkeiten, die zu bewältigen waren, sondern wegen all der Hürden, die »wir« zu diesem Zeitpunkt bereits überwunden hatten.

Das Kölner »Wir« war schon weit vor 2015 ganz überwiegend von der sogenannten Willkommenskultur geprägt. 2004 beschloss der Rat der Stadt »Leitlinien zur Unterbringung und Betreuung von

Flüchtlingen«[6], aus denen vor allem eines sprach: Menschenwürde. Diese Leitlinien beschrieben den Konsens, den Verwaltung, demokratische Parteien, Religionsgemeinschaften und soziale Träger gefunden hatten und der zehn Jahre später die besonders zupackende Kölner Willkommenskultur stützte: Nach der Bekanntgabe neuer Standorte von Unterkünften formierten sich oft über Nacht ehrenamtliche Nachbarschaftsinitiativen, die mit Kleidung, Essen, Kinderspielzeug, der Übernahme von Patenschaften oder Sprachunterricht einen humanitären Beitrag vor der eigenen Haustüre leisten wollten. Auch die demokratischen Parteien und Vereine machten sich in den Bezirken stark für neue Einrichtungen zur Unterbringung. Spätestens seit 2013/14 handelte eine große Zahl von Kölnerinnen und Kölnern danach, was wir im Karneval besingen: die Weltoffenheit, Mitmenschlichkeit und unser Bewusstsein dafür, dass wir seit der Ankunft der Römer vor über 2000 Jahren eine Vielvölkerstadt sind.

So wie in Köln war in vielen deutschen Kommunen das »Wir« ein Zusammenspiel aus Verwaltung, Politik und Zivilgesellschaft – zusammengehalten vom Wissen um unsere moralische Verpflichtung zu helfen. Diese Willkommenskultur wurde später oft als naiv bezeichnet. Ich meine, dass sie vor allem ein enormes Verantwortungsbewusstsein sichtbar machte – deutschlandweit engagierten sich zehn Prozent der Bevölkerung in über 15 000 neuen Projekten und Initiativen.[7] Ich bin sicher, dass Angela Merkels Worte für diesen breiten demokratischen Konsens ganz entscheidend gewesen sind: »Wir schaffen das!« Das war Motivation, Zuversicht und ein Appell zur Mithilfe. Und es war die Gewissheit, dass das »Wir« durch neue Geflüchtete bereichert würde.

Die Willkommenskultur war mir zutiefst vertraut und ich gehörte ihr an, bevor sie so hieß. Dieser Zugewandtheit liegt die Humboldt'sche Erkenntnis zugrunde, dass in einer global vernetzten Welt mit globalen Abhängigkeiten alles mit allem zusammenhängt. Die Globalisierung, die uns Vorteile bringt, gereicht anderen zum Nachteil. So tragen Autofahrer in Köln zum Kippen von

Ökosystemen oder dem Verlust von Existenzgrundlagen am anderen Ende der Welt bei. Unsere Verantwortung endet nicht an der Stadt- oder Staatsgrenze. Vor Krieg, Elend, Hunger oder Chancenlosigkeit Geflohenen Schutz zu gewähren, verstehe ich daher als Auftrag des wohlhabenden globalen Nordens. Es ist ein Gebot der Mitmensch- lichkeit, die den Wesenskern der europäischen Idee und des deut- schen Grundgesetzes beschreibt. Und dieses Gebot überwiegt eine diffuse Angst vor einem Kontroll- oder Wohlstandsverlust. Insofern stellte sich mir gar nicht die Frage, wie mit den Geflüchteten auf der Balkanroute umzugehen sei! Wenn die EU keine Antwort auf die Bitte der Geflüchteten nach Schutz gibt, kann Deutschland nur mit gutem Beispiel vorangehen, um den eigenen Werten von der Men- schenwürde treu zu bleiben. Und so habe ich damals die Entschei- dung der Bundesregierung, die Grenzen offen zu halten und Ge- flüchtete in das deutsche Asylsystem aufzunehmen, für völlig richtig gehalten. Dies war meines Erachtens der wichtigste humanitäre Akt im Europa der 2010er Jahre!

Ich sage dies auch als Tochter einer Geflohenen, die nach dem Zweiten Weltkrieg die Härte der Heimatlosigkeit erlebte. Von mei- ner Mutter erfuhr ich, was es bedeutete, den Verlust von Freunden, Familie, ja sogar des eigenen Lebens für die Hoffnung auf eine bes- sere Existenz riskieren zu müssen. Bei Angela Merkel meine ich ein ähnliches Verständnis gespürt zu haben. Möglicherweise konnte sie als ehemalige Bürgerin der DDR, wo der Gedanke an Flucht allge- genwärtig war, die Situation mit der nötigen Empathie beurteilen. Ich glaube, für sie und mich waren Geflüchtete nicht in erster Linie zählbare Objekte, die ein Problem oder eine Krise darstellten, son- dern Menschen wie »wir«.

Schaffen

Was schafften »wir« im Sommer 2015, davor und danach? In Köln gerieten wir ab 2013 zunehmend unter Druck. Die Zahl der von der Stadt untergebrachten Geflüchteten stieg seit 2010 erst langsam, dann immer deutlicher. Sie hatte sich zwischen 2009 und 2013 auf über 3000 Menschen etwa verdoppelt, stieg im Folgejahr auf rund 5100 und verdoppelte sich 2015 abermals auf über 10 000 – etwa ein Prozent der Kölner Bevölkerung.[8]

Bei den Planungen für die Unterbringung war mein Dezernat auf die Prognosen der Landesregierung von Nordrhein-Westfalen und des Bundesamtes für Migration und Flüchtlinge (BAMF) angewiesen. Die Bundesbehörde rechnete noch Anfang 2015 für das laufende Jahr mit 250 000 zusätzlichen Geflüchteten in Deutschland. Im Sommer korrigierte das BAMF seine Prognose auf 800 000, am Ende des Jahres waren es über eine Million – viermal mehr, als man noch neun Monate zuvor erwartet hatte.[9] Die laufenden Fehlprognosen hatten für die Kommunen wie Köln schwere Konsequenzen. Wir hatten für 2014 damit gerechnet, 780 neue Unterbringungsplätze zu schaffen – tatsächlich brauchten wir 1500, was uns sogar gelang.[10] Von Monat zu Monat stieg die Zahl der in Köln eintreffenden Asylsuchenden weiter: Im Herbst 2015 waren in Köln wöchentlich bis zu 350 Menschen unterzubringen.[11]

Auf die dauerhafte Schieflage zwischen Prognosen und Realität hatte mein Dezernat frühzeitig reagiert: Seit 2013 arbeitete eine ämterübergreifende Task Force Flüchtlingsunterbringung, um alle Entscheider der Stadtverwaltung an einen Tisch zu holen und Tempo zu machen. Wir planten neue Wohnmodule und Leichtbauhallen im ganzen Stadtgebiet. Wir durchkämmten das gesamte Stadtgebiet nach freien Grundstücken oder Gebäuden. Es gab nur eine rote Linie: In Zelten würde die Stadt Köln keine Geflüchteten unterbringen; das war vom Stadtrat im Dezember 2014 mit breiter Mehrheit beschlossen worden.[12] Obwohl wir unter Hochdruck planten, liefen wir der Entwicklung hinterher. Es galt permanent zu improvisieren: Die Stadt Köln kaufte 2014 einen leerstehenden Baumarkt und machte ihn innerhalb weniger Wochen bewohnbar. Anfang 2015 waren alle Wohnheime und Notaufnahmeeinrichtungen bis auf den letzten Platz belegt, und wir brachten über 2200 Menschen in 32 Hotel- und Beherbergungsbetrieben unter. Ab Sommer 2015 waren wir sogar gezwungen, Turnhallen städtischer Schulen zu Unterkünften umzufunktionieren. Es waren keine einfachen Entscheidungen, weil sie unsere hohen Kölner Standards unterliefen. Doch wir hatten keine Wahl: Es ging zuallererst darum, allen ein sicheres Obdach zu verschaffen. Ich glaube, es war diese zupackende Kölner Art, die Angela Merkel auf der Sommerpressekonferenz 2015 meinte, als sie sagte: »Deutschlands Gründlichkeit ist super, aber es wird jetzt deutsche Flexibilität gebraucht!«[13]

Die Organisation der Unterbringung in Städten und Gemeinden war in gewisser Weise das erste und dringlichste Aktionsfeld in der europäischen Migrationskrise. Die bereits genannte Aktivierung der Zivilgesellschaft sowie Integrationsmaßnahmen von Kommune und Land das zweite. Hierzu zählten die Integration auf dem Arbeitsmarkt durch die ab Herbst 2015 in NRW tätigen Integration Points, Integrations- und Sprachkurse sowie das seit Sommer 2015 angewandte Kölner »Vier-Phasen-Modell«, mit dem die Integration auf dem freien Wohnungsmarkt gelang.[14]

Während wir als kommunale Verwaltung gemeinsam mit Politik und Zivilgesellschaft alles taten, um den Geflohenen ein Dach über dem Kopf zu verschaffen, beobachtete ich ab Sommer 2015, dass Kritik immer öfter in Hass umschlug. Einigen gingen meine Ideen zu weit, die Integration und Unterbringung Geflüchteter ganz oben auf die Agenda zu setzen und entsprechende Dienststellen direkt bei der Oberbürgermeisterin anzusiedeln – so wie es auch Angela Merkel auf Bundesebene tat, indem sie die »Politische Gesamtkoordinierung aller Aspekte der aktuellen Flüchtlingslage« ins Kanzleramt holte.[15]

Ich nahm die Kritik ernst. Schon 2014 war für mich klar gewesen: Das dritte Aktionsfeld der Geflüchtetenpolitik würde die Einbeziehung der Kölnerinnen und Kölner sein. Transparenz und Beteiligung waren erfolgsentscheidend. Wir veranstalteten Informationsabende überall dort, wo laut Ratsbeschluss eine neue Unterkunft entstehen würde. Als Sozialdezernentin und spätere Oberbürgermeisterin verpasste ich keinen dieser Abende. Denn sie waren erfolgsentscheidend.

Es ging darum, mit der Nachbarschaft in einen konstruktiven Dialog zu kommen. Wir etablierten für die Anwohnerinnen und Anwohner beispielsweise feste Ansprechpersonen in den Unterkünften. Mitunter planten wir sogar Gebäude um. Kurzum: Der Austausch zwischen Verwaltung und Bürgern funktionierte. Wir konnten nicht alle überzeugen, aber motivierten viele zum Engagement. Und auch die Verwaltung selbst hatte eine steile Lernkurve zurückgelegt: Wir wussten zu improvisieren, arbeiteten ämterübergreifend, projektbezogen und stets mit dem klaren Ziel, unseren Beitrag für eine menschenwürdige Unterbringung Geflüchteter zu »schaffen«.

Das

Im Oktober 2015 lebten rund 9000 Geflüchtete in Köln. Zunehmend Sorge bereitete mir eine aufkeimende rechte Stimmung und offen geäußerte Xenophobie, die mit einer Anschlagsserie und Terror im sächsischen Freital einen ersten schrecklichen Höhepunkt erreichte.[16] Als Kind einer Stadt am Fluss lernt man, dass auch Unrat vorüberschwimmt. Doch diese Strategie war nicht erfolgversprechend. Spätestens seit dem 17. Oktober 2015 war klar, dass die Migrationskrise ein viertes Aktionsfeld hatte: sich Rechtspopulismus, rechter Hetze und Gewalt entgegenzustellen.

Mir war es in der Migrationskrise stets um die Sache gegangen und nie darum, mich selbst politisch zu profilieren. Doch mit dem 17. Oktober 2015, meinem letzten Wahlkampftag, wurde ich ungewollt zum Symbol für eine Asylpolitik nach humanitären Maßstäben. Auf einem Markt griff mich ein freundlich lächelnder Mann mit einem Messer an, durchtrennte meine Luftröhre und spaltete einen Brustwirbel. Der in rechten Kreisen bekannte Täter verfehlte dabei seine Ziele: Ihm gelang es weder, mich für meine menschliche Geflüchtetenpolitik zu töten noch mich als Oberbürgermeisterin zu verhindern. Er scheiterte auch damit, meine Überzeugung nur einen Millimeter breit zu verschieben. Und er scheiterte vor allem damit, die Mehrheit der Kölnerinnen und Kölner von ihrer Willkommenskultur abzubringen.

Das Gegenteil trat ein: Ich erlebte nach dem Erwachen aus dem künstlichen Koma eine Welle der Solidarisierung und das Wahlergebnis bestätigte meinen Kurs. Mit dem Attentat war mir endgültig bewusst geworden, wie gefährlich der Rechtspopulismus geworden war und dass der Zusammenhalt auf dem Spiel stand. Meine erste Amtshandlung als Kölner Oberbürgermeisterin war die Ehrung Herta Müllers mit dem Heinrich-Böll-Preis. Sie sagte: »Wenn Wörter wie ›Volksverräter‹ und ›Volksschädlinge‹ und ›Lügenpresse‹ lange genug spazieren gehen, geht irgendwann auch ein Messer spazieren.«[17] Wie recht sie hatte!

Hass und Bedrohung gehören seit 2015 zu meinem Arbeitsalltag. So geht es vielen, die sich für Mitmenschlichkeit entscheiden, darunter auch Angela Merkel. In einem Telefonat nach dem Attentat sagte sie mir, sie sei sich bewusst, dass das Attentat auch ihr und ihrer Politik gegolten habe. Ich hätte mir gewünscht, dass sich in diesem Bewusstsein alle Demokratinnen und Demokraten zur Aufnahme Geflüchteter bekannt hätten. Doch politische Verantwortliche aus dem bürgerlichen Lager machten Anleihen beim rechtspopulistischen Diskurs – insbesondere nach den bestürzenden Ereignissen der Silvesternächte 2015 in Köln, Hamburg und weiteren Städten. Eine pauschale Kriminalisierung der Geflüchteten und Begriffe wie »Obergrenze« und »Kontrollverlust« geisterten durch viele politische Statements wie auch der Mythos, die Entscheidung für die offen gehaltene Grenze sei ein »Rechtsbruch« gewesen. Stimmungsmache, Desinformation, Hate Speech. All dies steigerte die Aufmerksamkeit für Rechtspopulisten und ihr Narrativ der drohenden »Überfremdung«. Die Alternative für Deutschland zog bis 2018 in alle deutschen Landtage ein.

Bilanz

Zwischen 2013 und 2017 stellten über vier Millionen Geflüchtete in der Europäischen Union einen Asyl-Erstantrag[18], davon etwa 1,6 Millionen in Deutschland.[19] Das, was die Rechtspopulisten als größte »Einwanderungswelle« und »Kontrollverlust« darstellen, relativiert sich, bedenkt man, dass die beide deutschen Staaten in der Nachkriegszeit rund 12,5 Millionen Geflohene aufgenommen hatten und nach der Wiedervereinigung zwischen 1986 und 2006 fast acht Millionen Zuwanderer – Asylsuchende, Aussiedler und Zuwanderer aus anderen EU-Staaten – nach Deutschland gekommen waren.[20]

Dennoch: Die Aufnahme von Geflüchteten aus einem anderen kulturellen Kontext war eine gewaltige Aufgabe. Zwei Aktionsfelder wurden erfolgreich bestellt: Die Unterbringung gelang Verwaltung, Politik und Zivilgesellschaft in einem großen, gemeinsamen Kraftakt. Auch die Öffentlichkeitsbeteiligung ist – zumindest in Köln – erfolgreich verlaufen: Die Stadt hat von Beginn an transparent kommuniziert, die Gesellschaft intensiv beteiligt, Hilfe und Wünsche aufgenommen und kanalisiert.

Zu zwei Aktionsfeldern fällt ein Urteil schwerer: Integration und Eindämmung des Rechtspopulismus. Wichtige Instrumente für die Integration auf dem Arbeits- und Wohnungsmarkt sind etabliert. Weitere Reformen sind jedoch zwingend, damit Integration gelingt. Deutlich mehr freiwillige kommunale Integrationsaufgaben müssten gesetzlich und damit verpflichtend werden – auch um zu vermeiden, dass in finanzschwachen Kommunen Integration zur politischen Verhandlungsmasse wird. Noch schwieriger ist es, die gesellschaftliche Integrationsbereitschaft zu fördern. Keine Verwaltung kann Integration verordnen. In einer Stadt der 180 Nationen, in der fast alle Kneipen ihre Getränke auf »Kein Kölsch für Nazis«-Bierdeckeln servieren, sind wir zwar auf einem guten Weg, Vielfalt als Fortschritt und Stärke zu begreifen. Aber auch hier ist Integration kein Selbstläufer und erfordert weiterhin große Kraftanstrengungen der gesamten Gesellschaft!

Im letzten Aktionsfeld der Migrationskrise – der Eindämmung des Rechtspopulismus – wirken politische Fehler und eine schwer zu durchbrechende Dynamik am stärksten nach. Mit dem Sinken der Asylantragszahlen unter das Niveau von 2013[21] ist den rechten

Kräften zwar das Erfolgsthema abhandengekommen. Doch Unsachlichkeit, Hetze und Ressentiments haben den Zusammenhalt unserer Gesellschaft nachhaltig beschädigt. Für einige zählt nicht mehr die faktenbasierte, konstruktive Diskussion, um Kompromisse auszuhandeln. Sie wollen auf destruktive Art und Weise – mit Worten und mit Taten – politische Maximalpositionen erzwingen.

Bildung, Medienkompetenz, durchmischte Viertel, die Vermittlung humanistischer und demokratischer Werte können helfen – und inzwischen sogar smarte Algorithmen, die Radikalisierung und Desinformation in der digitalen Welt erkennen, bevor sie in Realität umschlagen.[22] Es gibt also Hoffnung. Einstweilen bleibt die Zwischenbilanz: Rechtspopulismus ist das Aktionsfeld mit dem größten Handlungsdruck. Nicht die Zugewanderten haben uns am meisten gefordert, sondern die neuen rechten Kräfte in unserer Gesellschaft. Auch mich persönlich!

Ausblick

Die bislang größte Migrationsbewegung im Europa des 21. Jahrhunderts wird nicht die letzte und nicht die größte bleiben. Die Klimakrise unseres Planeten wird vielen Millionen Menschen die Existenzgrundlage nehmen, insbesondere in Afrika, wo ganze Landstriche rings um die Sahelzone dem Wortsinn nach verwüstet werden. Die europäische Migrationskrise der 2010er Jahre hat uns gezeigt, welche Potenziale wir haben und wo wir besser werden müssen:

- ein präzises Monitoring des Migrationsgeschehens,
- ein Vorhalten freier Unterbringungskapazitäten in den Kommunen,
- eine Reform des innerdeutschen Zuteilungsschlüssels, der die gemeinsame Verantwortung gerechter und smarter verteilt,
- ein geordnetes europäisches Zuwanderungssystem,
- oder – sofern die EU sich uneinig bleibt – eine Allianz der willigen Staaten, Länder, Regionen und Kommunen, die für

Mitmenschlichkeit als zutiefst europäischem Wert konsequent einstehen.

Köln hat 2021 wieder Platz und ist bereit! Uns am Rhein wird Angela Merkels Appell »Wir schaffen das!« durch dieses Jahrhundert der Flucht begleiten – da bin ich sicher.

Angela Merkel: Mehr Sein als Schein

Von Sigmar Gabriel

Als Angela Merkel am 22. November 2005 zum ersten Mal im Deutschen Bundestag zur Bundeskanzlerin gewählt wurde, werden wohl die meisten nicht erwartet haben, dass sie dort 16 Jahre lang bleiben und nicht nur die Geschicke ihres eigenen Landes prägen würde, sondern zugleich in hohem Maße die von Europa. Heute, 16 Jahre später, wissen wir, dass die erste Frau im Kanzleramt ganz gewiss zu Beginn ihrer Amtszeit maßlos unterschätzt wurde. Diese Erfahrung dürfte Angela Merkel mit vielen Frauen gemein haben, deren intellektuelle, praktische und emotionale Fähigkeiten häufig genug weit größer sind als die ihrer männlichen Konkurrenten. Obwohl Angela Merkel weder ihre ostdeutsche Sozialisation noch ihre Weiblichkeit je zum politischen Thema gemacht hat und vermutlich »Identitätspolitik« für eine Spielwiese überakademisierter Eliten hält, dürfte allein ihr Beispiel eine sehr große Zahl von Frauen und Ostdeutschen ermutigt haben, sich nicht mit dem zufriedenzugeben, was ihnen entweder von Männern oder von Westdeutschen zugewiesen wurde.

Stabiler Kurs in gewaltigen Umbrüchen

Angela Merkel wird in die Geschichte der Bundesrepublik als bedeutende Kanzlerin eingehen. Denn sie hat dieses Land und mit ihm Europa unter immer schwieriger werdenden Bedingungen stabil und auf Kurs gehalten. Auch frühere Bundeskanzler hatten dramatische Krisen zu bewältigen, die ihre Amtszeit prägten. Ob es die Ost-West-Konfrontation zu Willy Brandts Zeiten, der RAF-Terror in der Kanzlerschaft Helmut Schmidts oder die großen politischen Aufgaben wie die europäische und die Deutsche Einheit in der Amtszeit Helmut Kohls waren: Das größte und dickste »Schiff« in der Mitte Europas auf Kurs zu halten, war noch nie eine leichte Aufgabe. Aber noch nie begegnete dieses »Schiff Bundesrepublik Deutschland« in den europäischen und internationalen »Gewässern« so vielen Stürmen, gefährlichen Riffs und Untiefen wie in der Zeit der Kanzlerschaft von Angela Merkel. Die Welt befindet sich in einem großen Umbruch ohne jede verbindliche internationale Ordnung. Nicht die UN, G20 oder gar G7 beschreiben die aktuelle Zahl der Ordnungsmächte der Welt, sondern eher G null, weil einerseits die Vereinigten Staaten von Amerika ihre Rolle als bestimmende globale Ordnungsmacht nicht mehr aufrechterhalten können und wollen, andererseits auch kein anderes Land oder Staatenbündnis in der Lage ist, diese Rolle zu übernehmen.

Die größte Volkswirtschaft Europas, eine der größten der Welt, in dieser Zeit zu führen, dürfte bei Weitem die Herausforderungen übertroffen haben, denen sich die deutsche Kanzlerin bei Amtsantritt gegenübergesehen hat. Fast hat es den Anschein, als sei diese lange Kanzlerschaft zweigeteilt: Die ersten beiden Legislaturperioden 2005 bis 2013 mit der globalen Finanzkrise 2008/2009 sehen rückblickend aus wie eine Art »Trainingslager« für all das, was danach noch kommen sollte: die Besetzung und Annexion der Krim durch russisches Militär, der fortgesetzte Krieg in der Ostukraine und die Destabilisierungsversuche durch Russland in Osteuropa, die Griechenlandkrise und die sich daraus entwickelnde Krise des Euro, das Erstarken islamistischen Terrors, die Flüchtlingskrise, das Aufkommen illiberaler Regierungen in Europa, die Präsidentschaft des Rechtspopulisten Donald Trump in den USA und als ob das nicht schon genug sei, nun auch noch eine globale Pandemie.

Durch all diese Krisen steuerte Angela Merkel die Bundesrepublik Deutschland mit großer Stabilität hindurch und hielt Kurs auf wirtschaftlichen Erfolg, finanzielle Stabilität und soziale Sicherheit. Nur wenige Länder haben die gewaltigen Umbrüche in der Welt in dieser Zeit so gut überstanden wie die Bundesrepublik. Zweifellos haben viele daran ihren Anteil. Aber es ist ebenso unzweifelhaft der Leistungs- und Führungsfähigkeit Angela Merkels zu verdanken. Jede einzelne dieser dramatischen politischen Zuspitzungen hätte für ein Politikerleben gereicht, um ins Geschichtsbuch einzugehen. Angela Merkel hat europäische Krisen gemeistert und dabei nicht nur ihr Land in der Balance gehalten, sondern weitgehend auch unseren Kontinent. Eine in Ostdeutschland sozialisierte Politikerin wurde spätestens mit der Präsidentschaft Donald Trumps zur »leading person of the West« – welch beeindruckende persönliche und zugleich über die Person hinausreichende politische Erfolgsgeschichte, die zeigt, dass Herkunft, Geschlecht oder Biografie nichts über Haltung aussagen.

Dabei ist es gerade diese »Führungsfähigkeit«, die in der Kanzlerschaft Angela Merkels immer wieder infrage gestellt wurde – vorzugsweise durch Männer. Vor allem das »Wie« machte den Unterschied. Nach einem innenpolitisch fast schon omnipräsenten Kanzler Gerhard Schröder mit seiner anstrengenden Reformagenda schienen sich die Deutschen nach 2005 nach einer anderen, weniger fordernden Führung zu sehnen. Leading from behind entsprach dem Wunsch der Zeit ebenso wie der Fähigkeit der neuen Kanzlerin. Aufgaben suchen sich meist die Menschen, die sie erledigen – nicht umgekehrt.

Angela Merkel ist oft vorgeworfen worden, sie habe keine Grundsätze und orientiere sich täglich neu am Machbaren. Letzteres ist sicher nicht ganz falsch, und angesichts dynamischer und sich immer schneller verändernder politischer Rahmenbedingungen ist das fast schon eine Voraussetzung fürs politische Überleben. Und doch widerspricht das nicht der Tatsache, dass Angela Merkels sehr wohl einem inneren Kompass folgt. Für sie ist das Christliche im Namen ihrer Partei weit mehr als eine historische Reminiszenz oder schmückendes Beiwerk. Wo bei ihren konservativen Gegnern innerhalb der CDU das Christliche einen Unterfall des Konservativen darstellt, verhält es sich bei ihr umgekehrt: Für Angela Merkel ist das Konservative ein Unterfall des Christlichen. Nirgendwo hat sich diese Haltung mehr gezeigt als in der Flüchtlingskrise: Für ihre innerparteilichen Gegner stand der christliche Impuls hinter der konservativen Grundhaltung zurück. Bei Angela Merkel war das Gegenteil der Fall. Man mag ihr manchen Fehler in der Bewältigung dieser Herausforderung des Jahres 2015 vorwerfen, ganz sicher aber nicht eine Missweisung an ihrem inneren Kompass.

16 Jahre Kanzlerschaft: Das ist vor ihr nur Helmut Kohl geglückt, dessen politische Gravität das Selbstbewusstsein des gesättigten rheinischen Kapitalismus ebenso ausdrückte wie die tief empfundene besondere deutsche Verantwortung für den Zusammenhalt Europas. Obwohl grundverschieden in Herkunft, Habitus, Intellektualität und politischer Sozialisation, entwickelte Angela Merkel im Amt der Bundeskanzlerin sehr schnell Eigenschaften, die eher an ihren Vorvorgänger erinnerten als an die zupackende (»neoliberale«) Reformerin des Sozialstaates, als die sie noch kurz vor ihrer ersten Wahl gegolten hatte. Vor dem Hintergrund der Reformen ihres sozialdemokratischen Amtsvorgängers und den starken Erfolgen der deutschen Exportindustrie im Rahmen der fortschreitenden Globalisierung rüttelte Angela Merkel – erst einmal ins Amt gekommen – als Kanzlerin ebenso wenig am bisherigen deutschen Modell des Wohlfahrtsstaates, wie es ihre christdemokratischen Amtsvorgänger zuvor getan hatten.

Seit mehr als 30 Jahren gestaltet Angela Merkel die Politik in Deutschland mit, mehr als die Hälfte davon weitgehend allein. Da kann man wohl durchaus von einer Ära sprechen, die trotz aller außenpolitischen Herausforderungen innenpolitisch geprägt war von sozialer Stabilität und großer ökonomischer Stärke. Deutschland wurde gerade in der Kanzlerschaft Angela Merkels zum großen Gewinner der Globalisierung. Als »Industriealisierer der Welt« baute Deutschland seine Exportstärke aus, wuchs doppelt so schnell wie Frankreich und dreimal so schnell wie Italien. Ein »goldenes Jahrzehnt« ließ die Arbeitslosigkeit auf Tiefstände fallen und Löhne und Renten steigen. Und selbst die Verunsicherungen angesichts der großen Zahl an Flüchtlingen, die Deutschland vor allem in den Jahren 2015 und 2016 aufnahm, sind dank dieser Entwicklung rückblickend relativ schnell, wenn nicht verschwunden, dann doch weitgehend bewältigt worden.

Und ebenso wie Helmut Kohl setzte die deutsche Kanzlerin die ökonomische und politische Stärke Deutschlands für den Erhalt der europäischen Einigung ein. Mehr noch: Ihr internationales Eintreten für eine regelbasierte multilaterale internationale Ordnung ließ sie am Ende ihrer Amtszeit fast schon zur weltweit letzten ernst zu nehmenden Vertreterin einer Weltordnung erscheinen, in der die Stärke des Rechts und nicht das Recht des Stärkeren zu gelten hat.

Innenpolitische Moderatorin

Innenpolitisch führte sie dagegen weit weniger sichtbar. Vermutlich ahnte sie, dass das Wahlvolk der Deutschen schnell unwirsch auf unbequeme Wahrheiten reagieren würde. So überließ sie die notwendigen ökonomischen und sozialen Veränderungen weitgehend den unausweichlichen Disruptions- und Modernisierungsschüben, wie sie von Digitalisierung, globaler Finanzindustrie, Demografie und Klimawandel ohnehin ausgelöst wurden. So klar, wie sie sich außenpolitisch positionierte, so sehr nahm sie innenpolitisch die Rolle der Moderatorin ein. Überhaupt: Vor allem in den drei Koalitionen mit der SPD hat Angela Merkel deren Sozialstaatspaternalismus nicht nur zugelassen, sondern ganz bewusst auch zur programmatischen Verbreiterung ihrer eigenen Partei genutzt.

Dem traditionellen Gegner – der SPD – so nahe zu kommen, dass man ihm gelegentlich zum Verwechseln ähnlich sieht, kann man als historischen Erfolg der Sozialdemokratie bezeichnen. Im politischen Alltag allerdings hatte diese »Sozialdemokratisierung« eine optische und inhaltliche Linksverschiebung im gesamten politischen Spektrum der Republik zur Folge. Natürlich war diese Linksverschiebung

auch und vielleicht sogar zuallererst Folge der stetig zunehmen-
den Individualisierungsschübe, die eine stärkere Ausdifferenzierung
des Parteienspektrums zur Folge hatten, aber eben auch eine Auf-
lösung bislang als »unverrückbar« geltender Prinzipien. Abschaf-
fung der Wehrpflicht, Ausstieg aus der Kernenergie, doppelte Staatsbürgerschaft, gleichgeschlechtliche Ehe und manches mehr ersetzte
die konservativen Prinzipien der CDU letztlich immer mehr durch
Pragmatismus.

Vielen liberalen, grünen oder sozialdemokratischen Wählerinnen
und Wählern hat Angela Merkel damit sozusagen »die Angst vor der
CDU« genommen und sie für ganz neue Gruppen in der Gesellschaft wählbar gemacht. Manche Wahlforscher haben das die Strategie »asymmetrischer (De-)Mobilisierung« genannt. Allerdings hat
diese Strategie auch traditionelle Unionswählerinnen und -wähler
darüber verunsichert, was denn nun das eigentliche Alleinstellungs-
merkmal ihrer Partei noch ist. Und wenn alles »irgendwie links« ist,
dann bleibt viel Raum für eine wirklich rechte Partei wie die AfD,
die bis hin zum offenen Rechtsradikalismus versucht, von der Linksverschiebung des gesamten politischen Spektrums zu profitieren,
während die Profile von CDU und auch SPD immer unklarer und
unschärfer werden.

16 Jahre nach Angela Merkels Amtsantritt ist die CDU wieder
auf der Suche nach Differenzierungsmerkmalen, dieses Mal zu den
Grünen. Denn nun ist den bürgerlichen Wählerinnen und Wählern
die Angst vor den Grünen abhandengekommen, weil die wiederum
in vielfacher Hinsicht selbst bürgerlich geworden sind – nur jünger. Viele von ihnen wirken wie die inzwischen erwachsen geworde-
nen eigenen Töchter und Söhne manch eingefleischter CDU-Wäh-
ler. Und wenn nun ohnehin alle früheren Alleinstellungsmerkmale
der Christlich Demokratischen Union verschwunden scheinen, warum dann nicht mal die jüngere und programmatisch frischere Vari-
ante des Bürgerlichen wählen?

Der nutzbringende Einsatz von Größe und Macht

Aber was immer man von ihren einzelnen politischen Entscheidungen halten mag: Angela Merkel hat als deutsche Bundeskanzlerin unserem Land Gutes und gutgetan. Bei dem, was sie gemacht hat, und bei dem, wie sie es gemacht hat. Nicht zuletzt, weil sie das Gewicht und die Bedeutung Deutschlands in Europa wohl mit jedem Tag im Amt stärker spürte. Sie übte ihre demokratisch legitimierte Macht nach innen wie nach außen aus – wo nötig mit großer Härte auch gegen Personen –, aber sie trug sie nie wie eine Monstranz vor sich her.

Nur wer sie aus der Nähe kennenlernen durfte, weiß, dass man an ihrem Gesichtsausdruck eigentlich immer genau ablesen kann, ob sie sich gerade diebisch über etwas Gelungenes freut, gelangweilt oder verärgert ist. Wenn jemals jemand Sorge vor politischem Übermut im wiedervereinigten Deutschland gehabt haben sollte – spätestens die persönlichen Erfahrungen mit Angela Merkel lassen das dann geradezu absurd wirken.

Und so konnte man in den Jahren der Kanzlerschaft auch international den einen oder anderen sich selbst inszenierenden Staatsmann kommen und gehen sehen, die Kanzlerin aber blieb und wurde zunehmend zu einer Art magnetischem Nordpol europäischer wie internationaler Politik, an dem sich andere ausrichteten. Manchmal waren die habituellen Unterschiede in der Selbstwahrnehmung fast schon mit Händen zu greifen. Was mag Angela Merkel wohl gedacht haben, als sie wenige Tage vor ihrem 65. Geburtstag auf den Pariser Champs-Élysées den Auftritt des französischen Staatspräsidenten und das militärische Spektakel zum französischen Nationalfeiertag mitverfolgte? Sie, der jeder Pomp, jede Selbstinszenierung und jedes öffentliche Zelebrieren von Macht – zumal militärischer – so fremd ist. Vielleicht hat sie einmal mehr innerlich gelächelt über die vielen Männer, die sie hat kommen und gehen sehen und die bei aller oberflächlichen Unterschiedlichkeit doch oft eines gemein hatten: Ihre zur Schau gestellte Wirkmacht stand meist im umgekehrten

Verhältnis zur tatsächlichen. Bei Angela Merkel war stets das Gegenteil der Fall.

Mehr Sein als Schein ist nicht nur ihr politisches (Über-)Lebensmotto. Es war und ist wohl auch ihre Idee für die Rolle Deutschlands in Europa. Wo Deutschland immer der Gefahr ausgesetzt ist, allein durch seine Größe und seine ökonomische Potenz auf seine europäischen Nachbarn auch provozierend zu wirken, gelang es Angela Merkel immer, Deutschlands Größe und Macht für Europa nutzbringend einzusetzen. Ganz gewiss hat ihr eine Fähigkeit geholfen, die man auch »engagiertes Zuhören« nennen kann: die Kombination aus intensiver Vorbereitung und Sachkenntnis, geduldigem Zuhören, intellektueller und habitueller Bereitschaft zur Distanz zu sich selbst und einer nicht nur aufgesetzten, sondern tatsächlichen persönlichen Bescheidenheit.

Die deutsche Kanzlerin nutzte die Stärke ihres Landes nicht ostentativ offensiv, dafür aber sehr wirksam, um das Auseinanderdriften innerhalb Europas zu begrenzen. Und das sowohl wirtschafts- und finanzpolitisch wie auch mit Blick auf die unterschiedlichen Vorstellungen europäischer »Finalität« zwischen Ost- und Westeuropa. Strategische Geduld war das Leitmotiv ihrer Europapolitik, und Angela Merkel war sich selbst angesichts zugespitzter Krisen in Europa wie beispielweise der griechischen Finanzkrise oder den Auseinandersetzungen um Rechtsstaatlichkeit und Gewaltenteilung in Osteuropa immer der besonderen Rolle Deutschlands bewusst. So gab sie weder den »finanzpolitischen Taliban« in Europa nach, welche Griechenland aus der Eurozone werfen wollten, noch ließ sie Länder wie Polen oder Ungarn ob ihrer autoritären politischen Führungen einfach ins europäische Abseits driften.

In diesen letzten 16 Jahren hat sich die Welt allerdings auch dramatisch verändert. So, wie Angela Merkel ihr Land durch die damit verbundenen Turbulenzen geführt hat, so hat sie zugleich die Menschen hierzulande weniger auf diesen Wandel vorbereitet, als sie vor diesem Wandel zu bewahren versucht. Das macht die eigentliche Ambivalenz ihrer Regierungszeit aus. Sie ahnte das wohl und wollte 2017 ursprünglich nicht mehr antreten, weil »in der besten aller Welten eine Übergabe nach acht Jahren gut gewesen wäre«, so Angela Merkel im Jahr 2017. Die Flüchtlingskrise machte ihr einen Strich durch die Rechnung, denn mitten in der Bewältigung dieser großen autoritären Versuchung in Deutschland wollte sie sich nicht aus der Verantwortung stehlen.

Die Rückkehr der harten Interessenpolitik

Und so hat auch die glänzende Seite der deutschen Entwicklung der letzten 16 Jahre auch ihre Kehrseite: Unsere Gesellschaft und unsere staatlichen Institutionen haben sich mental nicht auf die großen globalen Schocks eingestellt. Nicht zuletzt der Erfolg der Politik Angela Merkels hat das als nicht notwendig erscheinen lassen. Fast hat man den Eindruck, dass – von der Pandemie einmal abgesehen – das Spielerisch-Individuelle in Deutschland sogar noch zunimmt und die Klarheit darüber, was das Gemeinwohl ausmacht, weiter abnimmt.

Sosehr die Kanzlerschaft Angela Merkels die internationalen Krisen gemeistert hat, so wenig sind die dahinterliegenden tektonischen Plattenverschiebungen in den Machtachsen der Welt hierzulande präsent. Was soll die sich im Rückzug befindliche »Pax Americana« ersetzen? Welche Auswirkungen hat das für Europa, und was bedeutet das für die Welt? Sosehr sich Angela Merkel der Bedeutung dieser Fragen gewiss bewusst ist, so wenig hat sie die Deutschen damit konfrontiert. Ich weiß nicht, ob die Bundeskanzlerin ihren Spitznamen »Mutti« mag oder nicht, aber die Rolle einer die Untiefen der Welt von »ihren Kindern« fernhaltenden Mutter hat sie tatsächlich in den letzten Jahren eingenommen. Doch diese Phase neigt sich am Ende Merkels Kanzlerschaft – so oder so – dem Ende zu.

Was jetzt kommt, ist eine Zeit, in der die Härte internationaler Interessenpolitik weiter zunehmen wird. Immer offensichtlicher widersprechen sich in liberalen Demokratien innere Werte mit äußeren Interessen. Länder wie Frankreich oder Großbritannien leben schon sehr lange mit diesem Widerspruch und nennen es Realpolitik. Bei ihnen gelten die Werte nach innen und nach außen Interessen. In Deutschland dagegen ist der außen- und wirtschaftspolitische Spielraum noch weit mehr an die innere politische Verfasstheit gebunden. Das wird schwer durchzuhalten sein, wo doch die USA immer weniger bereit sind, uns die unangenehmen Entscheidungen weiterhin so abzunehmen, wie das in den letzten 70 Jahren der Fall war. Unpopuläre Entscheidungen werden deshalb ebenso zunehmen wie die Fehlerquote politischer Entscheidungen, denn verlässliche Grundlagen internationaler Ordnung bleiben vorerst Mangelware. Vermutlich ist die »Ära Merkel« die letzte ihrer Art, weil die Zunahme politischer Konflikte auch den Wunsch nach anderen Mehrheiten bei Bundestagswahlen nach sich ziehen dürfte.

Gewiss: 16 Jahre im deutschen Kanzleramt fordern ihren Preis. Hoffentlich keinen allzu großen persönlichen. Ich bin sicher, die allermeisten Deutschen werden ihrer Kanzlerin für ihren Dienst dankbar sein und nicht zuletzt auch ihre Art, Politik zu machen, im Nachhinein zu schätzen wissen. Ich wünsche Angela Merkel aber zugleich, dass möglichst viele Menschen erkennen, dass sich Deutschland glücklich schätzen konnte, wieder einmal eine herausragende Persönlichkeit im Kanzleramt gehabt zu haben. Denn selbst im Sitzen strahlte die deutsche Regierungschefin noch mehr politische Kraft aus als viele, die stehend und in scheinbarer Größe vor ihr posierten. Wenn es dafür noch einmal eines Beweises bedurft hätte, dann wurde der in der Pandemiebekämpfung geliefert: Für die Mehrheit der versammelten Schar der Länderministerpräsidenten waren das kleine politische Karo und die eigene Profilierung wichtiger als die nachhaltige Bekämpfung der Pandemie. So heftig Merkels Warnung vor »Öffnungsorgien« kritisiert wurde, so kleinmütig fügten sich die Länderchefs ein Jahr später dem Druck auf bundeseinheitliche Regeln in der Coronabekämpfung, weil die Zahlen der Infizierten und Toten explodierten. Der deutsche Föderalismus war im Bundesrat zu einer Art organisierter Verantwortungslosigkeit degeneriert, unfähig, seine eigentliche Aufgabe wahrzunehmen: als zweite Kammer der Bundesebene die Interessen des gesamten Landes im Blick zu haben.

Tatsächlich beginnt nun eine neue Zeitrechnung. Nicht nur die Ära Angela Merkels ist vorbei, sondern – so will es der historische Zufall – mit ihr endet das Zeitalter der euroatlantischen Zentriertheit der Welt. Das neue Gravitationszentrum liegt in Asien. Europa wird nur überleben, wenn Deutschland lernt, ohne Großmannssucht wieder von vorne zu führen und neben Werten auch Interessen zu formulieren. Eigentlich wieder eine Zeit wie für den Typus Angela Merkel gemacht. Man darf gespannt sein, wer ihre Nachfolge antritt. Aber eines kann uns beruhigen: Der politische Lebenslauf von Angela Merkel zeigt, dass man Menschen nie unterschätzen sollte.

Non degenerabo – Ich bleib mir treu

Von Theo Waigel

Wahrscheinlich wird Helmut Kohl der am längsten amtierende Bundeskanzler bleiben. Bei ihm waren es 16 Jahre und 26 Tage. Nur, wenn die Koalitionsverhandlungen nach der Bundestagswahl am 26. September länger als drei Monate dauern sollten, würde ihm Angela Merkel diesen Rekord streitig machen. Niemand sonst hat länger im Bundeskanzleramt regiert als Angela Merkel, vier volle Legislaturperioden. Unprätentiös, uneitel, unbestechlich, unbeirrbar und erfolgreich hat sie die politische Ära von 2005 bis 2021 geprägt und zuvor als Parteivorsitzende der CDU und Fraktionsvorsitzende von CDU/CSU die Union aus der Krise wieder an die politische Macht geführt.

Idealistische Anfänge

Als Angela Merkel sich 1989 der Bürgerbewegung in der DDR anschloss, konnte sie nicht ahnen, wohin sie dieser Weg noch führen würde. Sie ging nicht zu einer der großen Parteigruppierungen in der DDR, sie wählte den Weg zum Demokratischen Aufbruch, einer kleinen, idealistischen Bewegung mit großen Zielen. Hier erfuhr sie auch die erste große politische Enttäuschung, nachdem der gewählte Vorsitzende Wolfgang Schnur sich als Spitzel der Stasi entpuppte. Angela Merkel und Rainer Eppelmann resignierten nach der für sie enttäuschenden Volkskammerwahl nicht und setzten ihre politische Vorstellung in der CDU fort. Der erste demokratisch gewählte Ministerpräsident der DDR, Lothar de Maizière, erkannte Angela Merkels Begabung und trug ihr die Funktion als stellvertretende

Regierungssprecherin an. In diese Zeit fällt meine erste Begegnung mit ihr. Am 1. Juli 1990 wurde die D-Mark in der DDR eingeführt. Der Finanzminister der DDR Walter Romberg und ich hatten am 18. Mai 1990 den Staatsvertrag über die Wirtschaftswährung und Sozialunion unterzeichnet. Vor der nationalen und internationalen Presse sollten wir in einer Pressekonferenz unsere Erklärungen dazu abgeben. Diese Pressekonferenz wurde von Angela Merkel souverän und mit der ihr angeborenen Bescheidenheit geleitet. Auf die Frage eines angelsächsischen Journalisten, ob ich nicht einen Kommentar auf Englisch hinzufügen könnte, antwortete ich lapidar »everything is under control«.

Das erinnert mich an einen Besuch von Angela Merkel in ihrer Zeit als Oppositionsführerin in den USA. In einer Begegnung mit Finanzfachleuten und Bankvorständen an der Wallstreet in Washington hielt sie einen Vortrag in gutem Englisch und parierte auch Fragen. Auf die erstaunte Frage eines Teilnehmers, woher ihr gutes Englisch stamme, erwiderte Angela Merkel, dies hänge mit ihrem Physikstudium zusammen, in dem sie englische Literatur verwenden durfte. Scherzhaft fügte sie hinzu: »but my Russian is better«. Dies führte bei unbedarften Zuhörern zu Zweifeln und Irritationen. Einer unter ihnen rief mich am nächsten Tag an und bat mich, doch bei Angela Merkel zu intervenieren, damit sie die Priorität der Fremdsprachenerfahrung künftig anders formuliere. Unvorsichtigerweise kam ich diesem Begehren nach und erhielt von Angela Merkel eine sanfte Belehrung. Was sie gesagt habe sei schließlich wahr und gebe im Hinblick auf ihr Leben in der DDR und ihr Engagement für das Entstehen der Demokratie im östlichen Teil Deutschlands keinen Anlass zur Besorgnis.

Diese persönliche Eigenständigkeit hat sie in all den Jahren ihres politischen Wirkens beibehalten. Non degenerabo – ich lasse mich nicht verbiegen. Das war und ist ihr Lebensmotto gegenüber allen Mächtigen, und sie ist allen Mächtigen in diesen Jahrzehnten begegnet. Früh erkannte Helmut Kohl ihre politische Begabung, und sie begleitete ihn acht Jahre lang in verschiedenen Positionen in einer bewegten Zeit, die Deutschland, Europa und die Welt veränderte. Ich fürchte, sie hat mit mir in dieser Zeit nicht die besten Erfahrungen gemacht. In einer Zeit großer politischer und finanzieller Herausforderungen musste der Finanzminister den vielfältigen Ressortwünschen gegenüber restriktiv agieren. Meinen Hinweis, in den von ihr geführten Ressorts sei es doch wichtiger, mit politischen Maßnahmen und nicht in erster Linie mit Geld etwas zu bewirken, hat sie sicherlich nicht zufriedengestellt. Es hat sie auch geschmerzt, dass der Finanzminister die Deutsche Bundesstiftung Umwelt, die 1990 aus der Privatisierung von Salzgitter entstanden war, in seiner rechtlichen Obhut behielt und nicht dem Umweltministerium zuschlug.

Die Stabilisierung Europas und des Euros

In einer Zeit europapolitischer Turbulenzen und Bewährungsproben war Angela Merkel die stabilisierende Person im europäischen Geflecht. In ihre Anfangszeit als Bundeskanzlerin fällt die Stabilisierung des Euro, der durch die Verletzung der Kriterien ins Gerede gekommen war. Gemeinsam mit Bundesfinanzminister Peer Steinbrück gelang ihr die Einhaltung des Stabilitäts- und Wachstumspakts. Leichtsinnigerweise hatten Bundeskanzler Gerhard Schröder und Finanzminister Hans Eichel die Kriterien mithilfe von Frankreich und anderen Ländern gelockert, um einem Verfahren der Kommission zu entgehen. Für die Finanzkrise in den Jahren 2008 und folgende war es wichtig, der Krise mit belastbaren ökonomischen Daten zu begegnen. Nachdem Griechenland trotz gefälschter Zahlen und einer unzureichenden Kontrolle durch die europäischen Institutionen in die Wirtschafts- und Währungsunion aufgenommen worden war, kam es zu einer krisenhaften Entwicklung der Schuldensituation Griechenlands und anderer Länder in der Währungsunion. Griechenland hätte unter diesen Umständen nicht in das gemeinsame Währungsgebiet aufgenommen werden dürfen. Doch im Vertrag ist das freiwillige oder unfreiwillige Verlassen der Währungsunion

nicht vorgesehen. In dieser schwierigen Situation folgte die Bundeskanzlerin nicht dem Rat ihres Finanzministers Wolfgang Schäuble, Griechenland das Verlassen der Währungsunion anzudienen. Die
Kosten hierfür wären für alle Beteiligten höher gewesen als ein po-
tenzieller Vorteil. Die daraus entstandene Krise wäre nicht nur für
die Währungsunion, sondern für das gesamte Projekt Europa zur
Gefahr geworden.

Gemeinsam mit Frankreich, im Einvernehmen mit den anderen
europäischen Ländern und in Kooperation mit den europäischen
Institutionen gelang es Angela Merkel, erfolgreiche Hilfsprogramme
für Griechenland, Spanien, Portugal, Irland und Malta zu konzipie-
ren. Entgegen einer kritischen Erwartung waren diese Programme
und die zu schaffenden Institutionen wie der Europäische Finanz-
stabilisierungsfazilität (EFSF) und der Europäischer Stabilitätsme-
chanismus (ESM) Meilensteine zur Stabilisierung der gemeinsamen
Währung und Europas. Im Dezember 2011 wurde der sogenannte
Sixpack als Verschärfung des Stabilitätspakts verabschiedet. Damit werden die fiskalischen Vorgaben durch ein Indikatorensystem
besser in ein makroökonomisches Umfeld eingepasst. So kann die
Nachhaltigkeit der jeweiligen Budgetpolitik frühzeitiger und ange-
messener in eine ökonomische Gesamtbeurteilung eingepasst werden. Die Sanktionen bei Nichtbeachtung des Paktes wurden nicht
verschärft. Im September 2012 wurde der Vertrag über den ESM in
Kraft gesetzt, der mit Bürgschaften und Krediten gefährdeten Mit-
gliedsländern die Rückkehr zu soliden Finanzen ermöglichen soll.
Eine weitere Fortentwicklung dieser Institution beschloss man in
den letzten Wochen, und der erfolgreiche Vorsitzende dieses Gremi-
ums Klaus Regling ist nicht zuletzt auf Vorschlag der Bundeskanzlerin in diese wichtige Funktion berufen worden.

Ohne Angela Merkel wäre das große Hilfs- und Investitionspro-
gramm der EU in einer Größenordnung von 750 Milliarden Euro
nicht zustande gekommen. Es war der entscheidende Schritt, um
die ökonomische Krise im Zusammenhang mit der Coronapandemie auf breiter europäischer Basis zu lösen. Im Zusammenspiel mit

Frankreichs Präsident Emmanuel Macron und mit kluger Intervention gegenüber den widerstrebenden Staaten gelang es ihr, eine Einigung herbeizuführen.

Internationales Ansehen

Trotz aller bestehenden wirtschaftspolitischen Unterschiede zwischen Deutschland und Frankreich ist es Angela Merkel gelungen, mit den Präsidenten Chirac, Sarkozy, Hollande und Macron erfolgreich zu kooperieren. Sie hat damit die Tradition deutscher Bundeskanzler fortgesetzt, ein enges politisches und auch persönliches Verhältnis zu den französischen Präsidenten zu finden. Dies ist Konrad Adenauer mit so unterschiedlichen Figuren wie Robert Schumann und Charles de Gaulle gelungen, Helmut Schmidt zimmerte eine wichtige Allianz mit Valéry Giscard d´Estaing, und Angela Merkel setzte diese wichtige Tradition mit vier französischen Präsidenten in ihrer Amtszeit fort.

Diese Fähigkeit, politische Freundschaften mit beherrschter Emotionalität zu führen, kam ihr auch im Verhältnis zu den Vereinigten Staaten zugute. Obwohl sie es dem Präsidentschaftskandidaten Obama nicht gestattete, am Brandenburger Tor auf deutschem Boden eine Wahlparty durchzuführen, entwickelte sich eine überaus enge vertrauensvolle Zusammenarbeit, die dem von George Bush gegebenen Motto entsprach: Leadership in Partnership. Im schwierigen Verhältnis zu Donald Trump bewies sie Gelassenheit und Distanz.

Ähnliches gelang im Hinblick auf Russland nicht. Obwohl Angela Merkel und Vladimir Putin sowohl auf Deutsch wie auch auf Russisch miteinander parlieren können, war und ist dieses Verhältnis empfindlich gestört. Der Versuch, den russischen Präsidenten zu einer ehrlichen wahrhaftigen Partnerschaft mit Europa und der westlichen Welt zu gewinnen, scheiterte. Das unfreiwillige Verlassen der G7-Gruppe angesichts der Okkupation der Krim durch Russland und die Intervention in der Ostukraine waren auch durch sprachliche Gemeinsamkeiten nicht zu überwinden.

Im Kreis der G7 ist Angela Merkel eine hoch respektierte politische Persönlichkeit. Die Bilder aus Heiligendamm und Schloss Elmau zeigten die Wichtigkeit dieser Gruppe und die Rolle Deutschlands im Reigen der wichtigsten Industrienationen der Welt. Angela Merkel hat in diesem Zusammenhang keine großen politischen Visionen entfacht, sondern eine pragmatische Politik verfolgt, Schritt um Schritt, mit der Kunst des Möglichen innerhalb von bestehenden Abmachungen und Verträgen. Der immer wieder erhobene Ruf nach einem neuen Vertrag in Europa ist in absehbarer Zeit obsolet angesichts des Risikos von Volksentscheiden und Referenden in vielen Ländern. Das Europa von heute, mit 27 teilnehmenden Ländern, kann nicht mehr mit dem Europa der 1950er Jahre oder späterer Jahrzehnte verglichen werden, als sechs, dann neun, dann zwölf und mehr Staaten der Union angehörten.

Nach einer erfolgreichen europäischen Zeit von 16 Jahren als Regierungschefin wäre Angela Merkel die ideale Ratsvorsitzende für die nächsten Jahre. Das dürfte allerdings neben ihren persönlichen Ambitionen daran scheitern, dass Deutschland nach Jahrzehnten das Amt der Kommissionsvorsitzenden besetzt.

Schwierige Koalitionsverhältnisse

Die in Hamburg geborene und in der DDR aufgewachsene Ausnahmepolitikerin, die im Osten lebt und dort, in der Uckermark, ihre politische Heimat gefunden hat, sollte eigentlich die ideale Integrationsfigur zwischen Ost und West sein. Das ist in den östlichen Bundesländern nur teilweise der Fall. Wer das Gemeinwohl für das ganze vereinigte Deutschland im Auge haben muss, kann bei manchen enttäuschten oder nostalgisch denkenden früheren DDR-Bewohnern kein Lob gewinnen.

Die letzten vier Jahre ihrer Regierung wären in einer anderen Koalitionsstruktur interessanter und attraktiver verlaufen. Die Verweigerung der FDP, an einer Koalition mit CDU/CSU und Grünen teilzunehmen, stellt eine unbestreitbare Fehlleistung ihres Vorsitzenden

Christian Lindner dar. Vielleicht hätte aber auch Angela Merkel sich in diesen Situationen stärker um die Freien Demokraten bemühen sollen. Mangelnde gegenseitige Rücksichtnahme hatte in der Koalition mit der FDP von 2009 bis 2013 zum Ausscheiden der FDP aus dem Bundestag geführt. Mit einer widerstrebenden, um ihre Existenz kämpfenden und ständig Führungsquerelen austragenden SPD war das Regieren in den letzten vier Jahren nicht einfach. Angela Merkel hat es aber trotz aller Widerstände in allen vier Legislaturperioden geschafft, ihre Koalitionsregierung erfolgreich die volle Zeit zu führen. Der Platz in der deutschen, der europäischen und der globalen Geschichte des 21. Jahrhunderts ist ihr gewiss.

Die Bewahrung der Union

Es hat mich nie gereut, gegen den Widerstand einiger Parteifreunde im Mai 2017 eine Wählerinitiative für Angela Merkel initiiert zu haben. Mit von der Partie waren Alois Glück, Hans Maier, Erwin Huber, Kurt Faltlhauser, Georg von Waldenfels, Gabriele Bauer, Christa Stevens, Michael Glos, Peter Hausmann, Walter Eykmann und andere mehr. Nach dem neu entfachten Streit zwischen der Bundeskanzlerin und ihrem Innenminister Horst Seehofer gab es niemanden in der CSU, der die Bundeskanzlerin für den Landtagswahlkampf 2018 nach Bayern einladen wollte. Wir durchbrachen diesen »Boykott« und baten die Bundeskanzlerin zu einem Europa-Symposion in die Benediktinerabtei Ottobeuren, einem jahrtausendealten europäischen Ort, und zum anschließenden Konzert in die Basilika.

Ich hatte auch den neuen Ministerpräsidenten von Bayern Markus Söder eingeladen, der eine betont europapositive Rede hielt und damit den Kurs der Staatsregierung festlegte. Die Europaabgeordneten Markus Ferber und Manfred Weber setzten ihre Akzente in die Richtung, die Franz Josef Strauß und auch ich postulierten. Seitdem verfolgen CDU und CSU wieder eine gemeinsame proeuropäische Politik und die Skepsis mancher CSU-Repräsentanten ist durch das

Lob von Markus Söder für die Bundeskanzlerin einer wohlwollenden Zustimmung zu ihrer Politik gewichen. Sie hat durch ihre Politik maßgeblich zur Einheit der Union in den letzten Jahrzehnten beigetragen.

Religion und Politik – Herausforderung zwischen Fundament und Fundamentalismus

Von Volker Kauder

Religion und Glaube sind fester Bestandteil der Lebenswirklichkeit der Menschen. Nicht nur dort, wo sie fast übermächtig als Staatsreligion ein Land prägen, sondern auch dort, wo der säkulare Staat sie in den Hintergrund drängt. Es ist auch nicht zu erwarten, dass die Bedeutung der Religion – weltweit gesehen – abnehmen wird. Deutlich wird dies mit einem Blick auf die absolute Zahl der Angehörigen der beiden größten Weltreligionen – Christentum und Islam – und deren prognostiziertes Wachstum. Während heute weltweit etwa 2,3 Milliarden Menschen christlichen Glaubens sind, zeigen Studien für 2050 eine Zahl von etwa 2,9 Milliarden Christen.[1] Rasanter wird der Zuwachs bei Muslimen ausfallen. Von heute etwa 1,6 Milliarden Muslimen wird ein Zuwachs auf fast 2,8 Milliarden Muslime erwartet.[2] Wer jetzt glaubt, dass im Gegenzug dazu die Zahl der Konfessionslosen noch dramatischer zunehmen müsse, der täuscht sich. Waren es im Jahr 2010 noch etwa 1,2 Milliarden Konfessionslose, so steigt die Zahl bis 2050 laut Prognose auf etwa 1,3 Milliarden Menschen.[3] Insgesamt fühlen sich rund 80 Prozent der Weltbevölkerung einer Religion zugehörig – Tendenz steigend. Dies lässt erahnen, welchen Stellenwert Religion auch in Zukunft haben wird. Letztlich gilt das auch für Deutschland, wo die Zahl der Konfessionslosen zwar weiter ansteigt, noch immer aber jeweils allein rund ein Viertel der Deutschen römisch-katholisch oder evangelisch sind, wenngleich für Deutschland im Gegensatz zum Rest der Welt ein deutlicher Rückgang bei der Zahl der Christen zu erwarten ist.[4]

Der Einfluss von Religion auf die Gesellschaft

Ob bewusst oder unbewusst, Glaube und Religion bestimmen seit jeher das Leben unzähliger Menschen, Tag für Tag. Der Glaube gibt Halt und Orientierung, er ist für viele Menschen sinnstiftend. Solange wir in der Geschichte zurückblicken können – noch weit vor dem Einsetzen der Globalisierung –, hat Religion daher auch Eingang in die Politik gefunden. Das wird auch in Zukunft so bleiben, schließlich wird Politik von Menschen gemacht, deren Überzeugungen und Glaube sich auf ihr politisches Handeln auswirken. Zum Problem wird es dann, wenn Politik und Religion derart miteinander verbunden werden, dass in einem Staat Angehörige bestimmter Religionen verfolgt oder unterdrückt werden, oder auch dann, wenn nur noch Angehörige einer Religion, der Staatsreligion, wirklich eine Chance auf gesellschaftliche Teilhabe haben. Inwiefern daher Religionsfreiheit gewährt wird, ist immer auch ein Gradmesser für die Freiheit in einem Land insgesamt.

Religion ist in der Politik stets gegenwärtig. Dabei kommt es gar nicht darauf an, ob die einzelne Politikerin oder der Politiker selbst religiös ist. Religion durchdringt, prägt und beschäftigt uns als gesamte Gesellschaft. Es ist aber festzuhalten, und das ist ganz entscheidend, dass keine religiöse Politik gemacht werden darf. Auch die CDU/CSU macht keine christliche Politik, sie macht Politik auf der Grundlage des christlichen Menschenbildes und richtet sich damit ausnahmslos und bedingungslos an alle Menschen. Für das politische Handeln von Bundeskanzlerin Angela Merkel ist diese Überzeugung – wie sie selbst auch immer wieder öffentlich bekennt – das unveräußerliche Fundament.

Religion hat in diesem Punkt gerade im 21. Jahrhundert eine weitere Dimension hinzugewonnen und ist, mehr noch als in den Jahrhunderten zuvor, zu einem politischen Faktor in der internationalen Politik geworden. Dies schlägt sich nieder in einer grundsätzlichen Diskussion über Menschenrechte und ob diese denn universelle Geltung beanspruchen können. In einigen Regionen der Welt werden

Menschenrechte, wie sie in der Allgemeinen Erklärung der Menschenrechte der Vereinten Nationen kodifiziert sind, als westliche Erfindung abgetan. Religionsfreiheit gibt es in diesen Ländern nicht oder nur partiell. Dagegen gibt es eine einfache Lösung: Die Wahrung von Religionsfreiheit! Darauf will dieser Beitrag eingehen.

Religionsfreiheit – ein individuelles Menschenrecht

Was Religionsfreiheit genau bedeutet, war immer umstritten. Dabei haben die Vereinten Nationen in der Allgemeinen Erklärung der Menschenrechte klar und eindeutig definiert, dass Religionsfreiheit ein individuelles Menschenrecht ist, das jedem einzelnen Menschen höchstpersönlich zusteht. Das ist der Erkenntnis geschuldet, dass der eigene Glaube die Persönlichkeit prägt und ihr Handeln leitet. Trotz dieser eindeutigen Definition der Religionsfreiheit als individuelles und universelles Menschenrecht deuten einige Staaten dieses fundamentale Recht als Kollektivrecht oder als ein Recht, das nur einer bestimmten Religion und ihren Anhängern zukommen solle.

Eine besondere Ausprägung dieses Menschenrechts ist auch die höchstpersönliche Entscheidung darüber, den Glauben zu wechseln. Im sogenannten Zivilpakt, dem Internationalen Pakt über bürgerliche und politische Rechte, wird genau dieses Recht als Teil der Religionsfreiheit betrachtet und ist damit völkerrechtlich bindend. Gerade die Konversion kann zum Problemfall werden. In den Ländern, in denen die Konversion von der Staats- oder Mehrheitsreligion in eine andere verboten ist, wird bereits die öffentliche Präsenz der vermeintlichen Konkurrenzreligion als unerlaubter Missionierungsversuch gewertet. Wenn Religion aber nicht mehr öffentlich gelebt werden kann, wird sie entwertet und Religionsfreiheit abgeschafft. Über Jahre hinweg haben islamisch geprägte Staaten deshalb versucht, dass individuelle Menschenrecht zu relativieren und ein Recht auf Schutz der Religion durchzusetzen. Schutzgut und Träger des Rechts solle nicht mehr der einzelne Mensch, sondern allgemein die Religion sein. Eine solche Position muss fast automatisch zu einer

Blasphemie-Gesetzgebung führen, wofür Pakistan ein besonders tragisches Beispiel ist.

Die Religionsfreiheit als universelles individuelles Menschenrecht zu begreifen und im politischen Diskurs zu verteidigen, ist die einzige Möglichkeit, die Instrumentalisierung von Religion zu verhindern oder zumindest einzugrenzen. Wo ausschließlich der Einzelne über seinen Glauben verfügt, ist ein Gottesstaat kaum noch durchsetzbar.

Diese Definition von Religionsfreiheit verlangt von staatlichem Handeln Respekt für den einzelnen Menschen und seine religiöse Überzeugung. Das bedeutet konkret, dass ein Verächtlichmachen eines Menschen damit genauso wenig zulässig ist wie das Verächtlichmachen seines Glaubens. Wer die religiöse Auffassung eines anderen herabwürdigt, zeigt doch nur die Verunsicherung im eigenen Glauben. Diejenigen, die Konversion aus der Mehrheitsreligion verbieten, können kaum an die Überzeugungskraft der eigenen Religion glauben. Wer aus Angst, den Wettbewerb zu verlieren, den Wettbewerb verbietet, macht sich selbst schwach und den anderen stark.

Religionsfreiheit unter Druck

Alle Menschen sind frei und gleich an Würde und Rechten geboren, so steht es in Artikel 1 der Allgemeinen Erklärung der Menschenrechte der Vereinten Nationen. Die universelle Geltung der Menschenrechte und damit auch die Geltung der Religionsfreiheit wird von einigen Staaten der Welt aber zunehmend offener hinterfragt. Der Umfang dieses Beitrags erlaubt eine umfassende Analyse nicht, will aber einige Regionen in den Blick nehmen.[5]

Etwa das Beispiel China: Religionsgemeinschaften werden dort mit großem Misstrauen beobachtet. Der Staat selbst zeigt keinerlei Offenheit gegenüber Religionen, pflegt er doch einen vom politischen Gestaltungsmonopol der chinesischen Kommunistischen Partei geprägten Nationalismus.[6] Dieses Gestaltungsmonopol beinhaltet die Einheit des Volkes sowie der Kommunistischen Partei und lässt durchaus Züge einer Ersatzreligion erkennen. Hinter der Formel »Religionsfreiheit« wird weniger die »Religion«, als vielmehr die »Freiheit« als zersetzendes Virus identifiziert. Die Mitglieder einer Religionsgemeinschaft werden so zu potenziellen Gefährdern der großen nationalen Einheit in ihrem eigenen Land, dessen Staatsangehörigkeit sie haben.[7] Die Ansteckungsgefahr der Religionsfreiheit scheint für hochrangige chinesische Politiker so groß zu sein, dass sie dieses Menschenrecht zunehmend zu einer für sie und ihre chinesische Kultur nicht akzeptablen westlichen Erfindung erklären.

Vergleichbare Entwicklungen sehen wir in Indien. Der Hinduismus wird von einigen politischen Akteuren gewissermaßen zum verordneten nationalen Erbe deklariert. Hindunationalisten sehen dann im Recht auf den Wechsel der Religion einen Angriff auf die staatliche Integrität höchstselbst. Die Möglichkeit, einen Glaubenswechsel zu vollziehen, kommt unter erheblichen gesellschaftlichen Druck. In einzelnen Teilstaaten steht es unter Strafe, zum Glaubenswechsel zu verführen. Muslime wie Christen empfinden sich dort als nicht zugehörig. Letztere werden darüber hinaus oft als Exponenten eines imperialistischen und kolonialistischen Westens misstrauisch beobachtet. Der Versuch, religiöse Zugehörigkeit zur nationalen Identität zu machen, hat für den inneren Zusammenhalt in der Gesellschaft fatale Konsequenzen. Ist schon Nationalismus allein eine schwere Herausforderung im Zusammenleben der Staaten in einer globalen Welt, so ist eine religiöse Konnotation eine zusätzliche Erschwernis beim Ausgleich nationaler Interessen.

Dort wo der Islam Staatsreligion ist, sind andere Religionen massiv unter Druck. Ein Glaubenswechsel vom Islam zu einer anderen Religion oder das Ablegen des Glaubens stehen häufig unter Strafe.[8] Beispielsweise in der Islamischen Republik Iran, in der der Abfall vom schiitischen Islam nach Einschätzung des Bundesamts für Migration und Flüchtlinge zur Todesstrafe führen kann.[9] Religion ist in diesen Regionen zu einem politischen Faktor extremer Ausprägung geworden. Leider gibt es auch in Europa Beispiele für eine religiös aufgeladene nationale Identitätspolitik. So erklärt die polnische Regierung, dass sie, wenn überhaupt, Flüchtlinge nur aufnehme, wenn es Christen seien, schließlich sei man ein christliches Land.[10] Dabei sagt uns doch gerade die christliche Botschaft, dass alle Menschen, und nicht nur Christen, Ebenbild Gottes sind. Wenn also Identitätspolitik die christliche Botschaft in ihr Gegenteil verkehrt, wird es besonders tragisch und deren religiöse Autoritäten sind in besonderer Weise gefragt.

Schließlich ist Religion auch deshalb zu einem wesentlichen politischen Faktor geworden, weil die Politik gefordert ist, auf religiös motivierten Terror zu reagieren. Dabei ist dieser Terrorismus gleichermaßen nichtstaatlichen wie staatlichen Ursprungs. In letzterem Fall liegen die Unterstützungsstrukturen mal mehr, mal weniger im Verborgenen, aber sie haben unzweifelhaft stark zugenommen. Über viele Jahre haben wir religiös motivierte Terroraktionen nur zur Kenntnis genommen, wenn diese besonders grausam und mit vielen Opfern verbunden waren. Sie schienen stets weit weg. Doch dann ist dieser Terror in der westlichen Welt in Amerika und in Europa, vor allem in Frankreich – also bei uns – angekommen. Seitdem werden Diskussionen mit pauschalen Verdächtigungen und leider Gottes mit zu wenigen Informationen geführt. Vereinfacht ausgedrückt sehen wir zweierlei Argumentationsmuster: Entweder wird die Bedeutung der Religion bei diesen terroristischen Anschlägen geleugnet oder heruntergespielt. Es wird gesagt, dass diese Gewalttaten mit der Religion eigentlich nichts zu tun hätten, sondern diese nur missbrauchen würden. Dies ist in der Absolutheit der Aussage genauso wenig richtig wie der zweite Argumentationsstrang, der ganz pauschal bestimmte Religionen als besonders gewaltverdächtig identifiziert. Am häufigsten wird dies dem Islam zugeschrieben, dem die Gewalt in der DNA stecken solle. Beiden Argumentationssträngen muss widersprochen werden. Zum einen um die Verantwortung religiöser Akteure zu betonen und nicht zu relativieren. Die Aussage, das sei nicht die eigene Religion, reicht nicht. Der religiös motivierte Terrorakt muss bedingungslos als mit der Religion unvereinbar qualifiziert werden. Natürlich tragen nicht nur religiöse Akteure dafür die Verantwortung.[11] Aber eben der Staat auch nicht allein. Und zum anderen diskreditiert die Behauptung, eine Religion trage Gewalt in ihrer DNA, eine ganze Religion. Ein auf Fakten basierender Religionsdialog auf Augenhöhe wird damit unmöglich.

Religion als politische Herausforderung

Angela Merkel hat all dies sehr frühzeitig erkannt. Sie hat das Thema Religionsfreiheit und Menschenrechte wieder und wieder aufgegriffen und auf der internationalen Bühne angesprochen. Sie war sich dabei immer bewusst, dass Erfolge für die Religionsfreiheit sowohl öffentlich eingefordert als auch durch beharrliche Diplomatie begleitet werden müssen. So hat Angela Merkel gegenüber China immer wieder auf die Einhaltung der Menschenrechte gedrungen. Sie hat mehrfach den Versuch unternommen, das Verhältnis zwischen Repräsentanten des Staates und der Kommunistischen Partei auf der einen Seite und Vertretern der Religionen auf der anderen Seite zu verbessern. Einmal hat sie mich anlässlich des Besuches des chinesischen Staatspräsidenten zu einem Frühstück eingeladen. Dabei haben wir über die Menschenrechte und vor allem über die Situation der verschiedenen Glaubensgemeinschaften gesprochen, auch über die in ihrer Glaubensausübung beeinträchtigten Christen. Bei der Verabschiedung übergab die Kanzlerin dem Staatspräsidenten einen dicken Umschlag mit der Erklärung, das seien Konkordate, Staatsverträge zwischen dem Vatikan und einem anderen Staat. Vielleicht, so merkte sie an, könne dies ein Grundstein für Verhandlungen sein. Daraus wurde dann auch ein Abkommen zwischen dem Heiligen Stuhl und China, das zwar nicht vollends unseren Wünschen entsprochen hat, aber immerhin einen ersten Anfang markiert. So bewirkt konsequente und standhafte Diplomatie mehr als manche plakative Forderung seitens Aktivisten.

Mehr und mehr Staaten haben die weltweite Gefährdung der Religionsfreiheit und Religion als politischen Faktor erkannt und deshalb Beauftragte für Religionsfreiheit und Weltanschauungsfragen ernannt. Zunächst war der Sonderberichterstatter für Religions- und Weltanschauungsfreiheit des UN-Menschenrechtsrates fast eine exklusive Institution in der Welt. Erst haben die Vereinigten Staaten, kurz darauf die EU und einige andere europäische Staaten Sonderbeauftragte für Religionsfreiheit ernannt. Erstmalig in der Geschichte der Bundesrepublik Deutschland wurde in der aktuellen Regierungskoalition unter Bundeskanzlerin Angela Merkel ein Beauftragter der Bundesregierung für weltweite Religionsfreiheit berufen.

Positiv ist auch, dass die Religionen trotz aller Widrigkeiten weiterhin den Dialog untereinander suchen. Papst Franziskus hat die Bedeutung dieses Religionsdialoges in seinem Pontifikat früh formuliert und vorangetrieben. Sein Treffen mit Ahmad Al-Tayyib, dem Großscheich der Al-Azhar-Universität in Kairo, der wichtigsten religiösen Autorität des sunnitischen Islams, im Februar 2019 war dafür ein starkes Signal. Bewegendes Zeugnis dieser Begegnung ist das von Papst Franziskus und Großscheich Al-Tayyib gemeinsam verfasste Dokument über die Brüderlichkeit aller Menschen für ein friedliches Zusammenleben in der Welt.[12] Es war ein Signal, das sowohl in der islamischen als auch in der christlichen Welt Zustimmung gefunden, teilweise aber auch heftige Kritik ausgelöst hat. Was aber ist kritikwürdig an der Maxime, dass Religionen zum Frieden und zur Völkerverständigung beitragen müssen? Genau das war doch die Botschaft, die von diesem wichtigen Treffen ausgegangen ist. Ebenso bedeutend war die Reise von Papst Franziskus in den Irak im März 2021. Er hat in diesem geschundenen Land nicht nur der kleinen Minderheit der Christen Mut gemacht, sondern auch die vorherrschende Religion an ihre Verantwortung für den Frieden erinnert.

Religion ist in der globalisierten Welt des 21. Jahrhunderts ein stärker werdender politischer Faktor. Das spiegelt sich auch in der Politik der unionsgeführten Bundesregierungen der letzten Jahre wider. In der deutschen Entwicklungszusammenarbeit ist die Zusammenarbeit mit religiösen Akteuren systematisch aufgenommen worden. Im Bundesministerium für wirtschaftliche Zusammenarbeit und Entwicklung selbst wurde ein Thementeam »Religion und Entwicklung« gebildet, und es wurde eine Strategie zu »Religionen als Partner in der Entwicklungszusammenarbeit« vorangetrieben. Religion ist heute fester Bestandteil der Entwicklungszusammenarbeit. Als nicht wertvoll genug geschätzt werden kann auch der periodisch erscheinende Bericht der Bundesregierung zur weltweiten Lage der Religionsfreiheit.

Religion als politischen Faktor fest im Blick zu haben, ist von zentraler Bedeutung für zukünftige Regierungen. Die besten Voraussetzungen dazu gibt uns der Rechtsstaat.[13] Er duldet keinen Terror, keine Gewalt, kein Verbrechen, erst recht nicht, wenn dies im Namen einer Religion geschieht.

Religionsfreiheit und Rechtsstaat sind vielleicht die wirksamsten Instrumente, um religiöses Potenzial und staatliche Möglichkeiten im Interesse eines friedlichen Zusammenlebens zu optimieren. Im täglichen Leben hat die Religion ihre Bedeutung in der Überzeugungskraft ihrer Mitglieder. Noch überzeugender als die Idee ist immer das persönliche menschliche Beispiel. Vertrauen entsteht am ehesten dort, wo der Abstand zwischen Reden und Handeln möglichst gering ist. Das verführt Religionen natürlich dazu, Menschen auf ihren Wahrheitsanspruch einzuschwören und sie aufzufordern, danach auch zu leben. Staatsreligionen versuchen, das gesamte staatliche öffentliche Leben darauf auszurichten. Das ist mit dem individuellen Recht auf Religionsfreiheit unvereinbar, ebenso wenig mit dem Rechtsstaatsprinzip. Nur wo es Religionsfreiheit gibt, gibt es Freiheit überhaupt. Und dass Religionsfreiheit und Rechtsstaatlichkeit in unserer heutigen Zeit miteinander verbunden werden, könnte für die Entwicklung der Menschheit so bedeutsam sein wie das Aufeinandertreffen von Religion und Vernunft in der Aufklärung.

»Was fest gefügt und unveränderlich scheint, das kann sich ändern.« Im Dienst für eine freie Welt

Von Annalena Baerbock

Im November 2018 ehrten die deutschen Zeitschriftenverleger Angela Merkel für ihre Lebensleistung. Mir bleibt eine Szene des Abends in Erinnerung, die für mich einen beeindruckenden Teil ihrer Kanzlerinnenschaft ausmachte. Wir stießen zu etwas späterer Stunde an diesem Galaabend aufeinander. Während des Gesprächs kamen die Eltern des ermordeten slowakischen Investigativreporters Ján Kuciak vorbei. Er wurde gemeinsam mit der ebenfalls ermordeten Journalistin Daphne Caruana Galizia aus Malta posthum für seinen Einsatz für die Pressefreiheit geehrt. Angela Merkel stockte, bot den beiden einen Platz an und meinte zu mir: »Kümmern Sie sich vielleicht gleich noch mal ein bisschen um die beiden.« Das seien ganz einfache Menschen, zum ersten Mal in Berlin, wahrscheinlich zum ersten Mal überhaupt in Deutschland und auf einer Gala. Obwohl die Kanzlerin selbst eigentlich gerade gehen wollte, blieb sie und vertiefte sich selbst mit ins Gespräch.

Der von Königin Rania Al Abdullah in ihrer Laudatio gepriesene unerschütterliche Einsatz für Stabilität, Wohlstand, Freiheit und Frieden zeigt sich eben nicht immer nur auf der großen Bühne.[1] Größe beweist sich gerade bei Staatslenkerinnen und Staatslenkern im Kleinen. Ehrliches Interesse an Menschen zu haben. Dafür muss man selbst wachsam bleiben. Einen guten moralischen Kompass besitzen. Mensch bleiben. Bodenständig statt machtverliebt.

Angela Merkels Freiheitsverdienst ist aus meiner Sicht genau das: In Zeiten, in denen zunehmend egozentrische, teils autokratische

Männer auf die internationale und zum Teil europäische Bühne traten, mit Demut, Würde, Fakten, Anstand und Respekt vor Regeln zu führen. Ihre Gesten, Worte, ihre Macht sollen nicht ausstechen, sondern sind unprätentiös. Sich selbst zurücknehmen zu können und in den Dienst der Sache zu stellen, hat das Machtverständnis dieser Republik und ja, auch der Welt, verändert.

So begann auch Angela Merkels Amtszeit:

»Wer hätte gedacht, dass das höchste Regierungsamt schon in diesem Jahr einer Frau übertragen wird?«, fragte Angela Merkel in ihrer ersten Regierungserklärung als Bundeskanzlerin im November 2005. Um es sogleich in einen größeren Kontext zu rücken: »Das […] ist für viele von uns eine Überraschung, und ich sage: manches davon auch für mich. Aber es ist nicht die größte Überraschung meines Lebens. Die größte Überraschung meines Lebens ist die Freiheit.«[2]

Als ostdeutsche, protestantische Frau in einer von westdeutschen älteren Männern dominierten Partei Kanzlerkandidatin und Kanzlerin zu werden, war tatsächlich »eine Überraschung«. Viel wahrscheinlicher wäre es zum Beispiel gewesen, Edmund Stoiber hätte 2002 ein paar Stimmen mehr bekommen und wäre Kanzler geworden. Die Geschichte wäre anders verlaufen.

Die Codes der Macht an der Spitze der Republik hatten bis dahin immer explizit funktioniert: schneidig wie bei Helmut Schmidt, mit ganzem Körpereinsatz wie bei Helmut Kohl oder donnernd wie bei Gerhard Schröder. Mit Angela Merkel hingegen gab es kein Basta mehr. Ich-Botschaften wurden rar, Zeichen subtiler, Auslassungen häufig interessanter als Gesagtes. Ein Land musste lernen, genauer zuzuhören und hinzusehen. Und sich weiter zu emanzipieren.

An diesem 30. November 2005 saßen auf der Gästetribüne des Plenarsaals des Bundestages Friede Springer, Isa Gräfin von Hardenberg und Sabine Christiansen nebeneinander. Sicher kein Zufall. Auch ihre folgenden politischen Netzwerke waren weiblicher: Ursula von der Leyen, Annette Schavan, Beate Baumann, Eva Christiansen gehörten dazu. Und die Männer um sie herum wie Peter Hintze,

Thomas de Maizière oder Peter Altmaier waren nicht vom Schlag der selbstverliebten Alphatiere. Das ist in 16 Jahren Merkel so geblieben und hat auf subtile Art nicht nur das Verständnis von Macht, sondern von weiblicher Macht für viele Menschen und gerade jüngere geprägt.

Allerdings hatte dieses subtile Verständnis von Führung auch seinen gesellschaftlichen Preis. Die Kanzlerin hat das Land nicht durch progressive Debatten und Reformen modernisiert, sondern vor allem als Vorbild durch die Art ihres Auftritts und die historische Dauer ihrer Kanzlerinnenschaft. Sie stand nicht an der Spitze der Veränderung, sondern hat auf Veränderungen reagiert. Damit war auch das veränderte Machtverständnis ein langer Prozess. Sie hat auf ihre Weise auf der ganzen Welt inspiriert, sich aber nur selten politisch für gesellschaftliche Reformen starkgemacht. Ich denke beispielsweise an die »Ehe für alle«, die sie in einer öffentlichen Veranstaltung eher zufällig selbst ermöglichte und zugleich ablehnte.

Menschliche Offenheit

Angela Merkel hat (ihre) Identität selten politisiert, sondern vor allem die Freiheit. Als ehemalige DDR-Bürgerin war sie klar entschieden, das Vorgegebene, Vorgezeichnete, Unabänderliche im Hintergrund zu belassen und das Selbstbestimmte in den Vordergrund zu stellen. Dabei war Angela Merkel auch als Bundeskanzlerin gerade dann am stärksten, wenn sie sich einmal öffnete. So wie im September 2015, als sie den Kritikerinnen und Kritikern einer humanen Geste Deutschlands im Angesicht von Millionen aus dem Krieg flüchtender Syrerinnen und Syrer auf einer Pressekonferenz entgegenhielt: »Dann ist das nicht mehr mein Land.« Oder im Frühjahr 2020, als sie die hereinbrechende Pandemie eine »demokratische Zumutung«[3] nannte.

In solchen Momenten berührte Angela Merkel unser Selbstverständnis als Gesellschaft und sprach uns als Bürgerinnen und Bürger empathisch und offen an. »Der Moment der Offenheit ist auch ein

Moment des Risikos«, sagte Angela Merkel in einer beeindruckenden Rede vor Absolventinnen und Absolventen des Abschlussjahrgangs an der Harvard Universität 2019.[4]

Diese Offenheit brachte ihr auf der ganzen Welt gerade auch in progressiven Kreisen unglaublich viel Respekt ein und war ein entscheidender Baustein für die internationale Wahrnehmung des »leader of the free world«,[5] als die manche Beobachter sie während der Präsidentschaft Trump sahen. Diese Momente der Offenheit waren eben nicht Anfang einer folgenden politischen Reform der europäischen Flüchtlingspolitik. Nicht eingebettet in eine von ihr geprägte gesellschaftliche Debatte.

Die Kanzlerin entschied sich, ihre Herkunft als Pfarrerstochter im Namen einer humanitären Flüchtlingspolitik nicht stärker zu betonen. Sie entschied sich nicht dafür, als Christin an der Spitze einer Partei mit dem C im Namen zu sprechen, um Kritikerinnen und Kritiker in den eigenen Reihen ihren Standpunkt klarer zu begründen. Sie umging damit die Gefahr, Identitätspolitik der einen durch Identitätspolitik der anderen zu bekämpfen. Gerade in einer Partei, in der vielen Konservativen das »Wer« und »Woher« wichtiger ist als das »Was« und »Wohin«.

Angela Merkel hat als Kanzlerin ein Gesellschaftsbild verkörpert, in dem es freie Individuen gibt und eine um Zusammenhalt bemühte Gesellschaft.[6] Individuum und Gesellschaft, nicht Gruppen. Auf der einen Seite ziemlich liberal und progressiv. Auf der anderen Seite hat sie auch diesen Grundgedanken selten durchbuchstabiert. Vielleicht auch aufgrund ihrer Herkunft und der daraus resultierenden Ablehnung von Ideologien, von Vorgaben von oben, was man zu denken hat, von »-ismen«. Feminismus, Humanismus etc.

Ihre eigene Partei hat Angela Merkel auf diese Weise strukturell wenig verändert. Sie hat der Union erspart, sich stärker mit ihren Widersprüchen zum Wert der Freiheit in unserer heutigen vielfältigen Gesellschaft auseinanderzusetzen. Die sogenannte Leitkulturdebatte in der Union hat Angela Merkel auf diese Weise ausgesessen, aber nicht gelöst.

Auch wenn Merkels Amtszeit ohne Frage von heftigen Krisen – Finanz-, Euro-, Flüchtlings- und nun Coronakrise geprägt war, in der vor allem mit kühlem Kopf reagiert werden musste und wenig Raum für Grundsatzfragen blieb, hätte es durchaus Zeitfenster gegeben Risiken einzugehen, notwendige Veränderungen anzustoßen. Vor allem 2013. In einem Moment, wo alle politischen Akteure schwach wirkten, außer der Bundeskanzlerin.

Selten war die CDU so eins mit ihrer Vorsitzenden. Angela Merkel holte für die Union fast die absolute Mehrheit, und von den Wänden des Adenauerhauses hingen am Wahlabend Plakate mit dem Aufdruck: »Wir bleiben Kanzlerin«. In Videos von damals sieht man Volker Kauder auf der Bühne »An Tagen wie diesen« von den Toten Hosen singen, und die Parteispitze schunkelt dazu überschwänglich im Takt. Irgendwann nimmt die Kanzlerin ihrem feiernden Generalsekretär Hermann Gröhe die Deutschlandfahne aus der Hand und hält eine kurze und klare Ansprache, in der sie der berauschten Versammlung klar macht: Morgen früh geht's an die Arbeit. Woraufhin das CDU-Publikum im Chor »übermorgen« ruft. Von Rechten wird die Szene mit der Fahne skandalisiert. Dabei drückt sie einfach nur aus, dass Angela Merkel auch in diesem Moment des persönlichen Triumphes ein gutes Gespür dafür hatte, wo die Grenzen der Selbstherrlichkeit sind. Ein tiefes Gespür für Freiheit bedeutet eben auch, dass keine Person und keine Partei den Staat für sich beanspruchen kann.

Die Wahl 2013 war der größte Wahlerfolg Merkels. Doch war er nur eine Ausnahme vom stetigen Verlust der Bindewirkung der beiden großen Volksparteien. Die SPD hatte die zweite deftige Niederlage bei einer Bundestagswahl hinter sich, aus der fortan eine Konstante werden sollte. Die eben noch regierende FDP war aus dem Bundestag geflogen. Die neu gegründete AfD war nur knapp an der Fünf-Prozent-Hürde gescheitert. Meine Partei war binnen eines Jahres, wenn man die Umfragen zugrunde legt, abgestürzt.

Ich wurde in dem Jahr Bundestagsabgeordnete. Fortan habe ich die Kanzlerin aus einer anderen Perspektive betrachtet. Der Perspektive der Beteiligten.

Mein Arbeitsfeld war die Klimapolitik und damit täglich die Frage, was getan werden musste und getan werden konnte, damit wir unsere natürlichen Lebensgrundlagen bewahren.

Kaum eine Politikerin hat die großen globalen Herausforderungen so klar gesehen wie Angela Merkel. In ihrer Rede an der Harvard-Universität 2019 sagte sie, dass »wir auch alles Menschenmögliche unternehmen (können und müssen), um diese Menschheitsherausforderung wirklich in den Griff zu bekommen […]. Ich werde mich deshalb mit ganzer Kraft dafür einsetzen, dass Deutschland, mein Land, im Jahr 2050 das Ziel der Klimaneutralität erreichen wird.«

Angela Merkel hatte als Umweltministerin das Kyoto-Protokoll mitverhandelt (1997), hatte als Kanzlerin Gletscher vor Grönland schmelzen sehen (2007) und in Elmau mit den G7-Staaten die Einhaltung des Zwei-Grad-Limits beschlossen (2015). Ich habe mich immer wieder gefragt, warum sie innenpolitisch in den Jahren, in denen gerade keine akute Krise das Regierungsgeschehen dominierte, nicht mehr für das getan hat, wofür sie lange Zeit auf der ganzen Welt gefeiert wurde.

In Harvard hingegen erinnerte Angela Merkel selbst an den Idealismus und Möglichkeitssinn ihrer ersten Regierungserklärung von 2005, in der sie gesagt hatte: »Lassen Sie uns also alle damit überraschen, was wir in diesem Lande können […]. Fragen wir deshalb nicht zuerst, was nicht geht oder was schon immer so war; fragen wir zuerst, was geht, und suchen wir nach dem, was noch nie so gemacht wurde. Haben wir den Mut, das dann aber auch wirklich durchzusetzen! Überraschen wir uns also damit, was möglich ist – überraschen wir uns damit, was wir können!«

Eine andere Art der Macht

Ja, angesichts der Herausforderungen, vor denen wir stehen, hätte ich mir mehr Mut zur Veränderung gewünscht. Und zugleich verdeutlicht mir meine eigene Zeit in der Berufspolitik, wie hart die

Beharrungskräfte – die gesellschaftlichen und ebenso die innerparteilichen – sein können. Was für ein Kraftakt, diese andere Art, die weiblichere Art des Führens, die ich eingangs fast als logischen Fortlauf der Kanzlerinnengeschichte beschrieben habe, in der Realität ist. Denn gerade ein neues, anderes Machtverständnis passiert nicht einfach. Erst recht nicht ein weiblich geprägtes. Erst recht nicht in einer Partei, einer Gesellschaft, die nach wie vor mit der Quote hadert, ganz zu schweigen von der Parität.

Der Frauenanteil der Unionsfraktion im Deutschen Bundestag hat sich während ihrer Kanzlerschaft von 2005 bis 2017 nicht verändert: 20 Prozent.[7] Mit einem Frauenanteil von 32 Prozent im Parlament insgesamt nimmt Deutschland im internationalen Vergleich derzeit Platz 42 ein.[8] Auch die ungleiche Bezahlung von Männern und Frauen für gleiche Arbeit hat sich in den vergangenen 25 Jahren kaum verbessert.[9]

Und zugleich macht es einen großen Unterschied, ob Kinder damit aufwachsen, dass es selbstverständlich ist, dass eine Frau das Land führt oder einen DAX-Konzern. Vorbilder prägen.

Dass ich in den letzten Monaten meiner Kanzlerinnenkandidatur nicht mehr begründen musste, dass auch Frauen Kanzlerin können (sondern sich die Frage auf jüngere Mutter »reduzierte«) – das verdanke ich, das verdanken Millionen Frauen auch einer 16-jährigen Amtszeit von Kanzlerin Angela Merkel.

Die Union brauchte unter Konrad Adenauer vier Kabinette, bis 1961 überhaupt erstmals eine Frau Ministerin wurde. Für Elisabeth Schwarzhaupt wurde in letzter Minute noch schnell ein Gesundheitsministerium geschaffen, weil alle Ministerposten schon an Männer vergeben waren, aber die Frauenunion lautstark und nachdrücklich einen Ministerposten einforderte (explizit also). Adenauer musste nachgeben und begrüßte sein Kabinett dennoch weiter mit »Morjen, meine Herren«. Auf dem Briefbogen von Frau Schwarzhaupt stand weiterhin Minister statt Ministerin.[10] Manche Debatten dieser Tage über geschlechtergerechte Sprache haben offensichtlich einen langen Vorlauf.

Während ich bei meiner Wahl als Parteivorsitzende im Jahr 2018 für den Satz »Wir wählen hier nicht nur die Frau an Roberts [Habecks] Seite« viel Beifall bekam – auch gesellschaftlich – brauchte die neue Vorsitzende Angela Merkel im Jahr 2000 im Moment der tiefsten Krise der Union noch einen »starken Mann«[11] an ihrer Seite. Deshalb musste ihr reformorientierter Generalsekretär Ruprecht Polenz nach einem halben Jahr zurücktreten, um durch den rustikalen Konservativen Laurenz Meyer ersetzt zu werden. Von diesem Trugbild aus den Anfangsjahren Merkels als Vorsitzende wird die Union bis heute in die strategische Irre geführt.

2002 sorgte der »Andenpakt« (ausschließlich Männer) noch dafür, dass Angela Merkel auf die Kanzlerkandidatur verzichtete und diese stattdessen Edmund Stoiber antragen werden musste. Die Sehnsucht nach dem starken Mann blieb bei der Union trotzdem ungebrochen, auch während der Kanzlerschaft Merkels. Als ob die »Überraschung« von 2005 nie ganz Wirklichkeit geworden wäre. Schon Rita Süßmuths Charisma galt außerhalb der Union mehr als in der Union selbst.[12] Es stand in genau diametralem Gegensatz zu Politikern wie Friedrich Merz oder Karl Theodor zu Guttenberg, wo die Projektionen immer stärker waren als die Wirklichkeit. Der CSU-Parteivorsitzende Markus Söder hat diese Sehnsucht in manchen Kreisen zu Beginn der Pandemie sowohl treffend beschrieben als sich zugleich als neue Projektionsfläche angeboten: »In der Krise wird oft nach dem Vater gefragt.«[13]

Um die Verteilung der Macht auf Geschlechter einmal im Ganzen wirken zu lassen: In der Bundesrepublik gab es nach einer Zählung von Zeit Online von 1949 bis 2018 insgesamt 692 Staatssekretäre im Bund: 668 Männer und 24 Frauen.[14] Man kann diese Verhältnisse nicht ignorieren, wenn man die Kanzlerschaft Angela Merkels bewertet. Nichts war daran selbstverständlich. Das war der historische Kontext in der »Männer-Republik«, in dem Angela Merkel als junge Frau aus der ehemaligen DDR kurz nach der Wiedervereinigung Ministerin für »Frauen und Jugend« wurde.

Sie bekam damals genügend Gelegenheiten, die offiziellen und inoffiziellen Spielregeln der damaligen »Bonner Krawatten-Politik« kennenzulernen, bevor sie selbst nach der Macht griff und diese Regeln besser beherrschte als ihre Konkurrenten.

»Ich bin nicht gegen die Mauer angerannt ... Ich habe sie aber auch nicht geleugnet ... Da, wo früher eine dunkle Wand war, öffnete sich plötzlich eine Tür [...] In diesen Monaten vor 30 Jahren habe ich persönlich erlebt, dass nichts so bleiben muss, wie es ist. [...] Was fest gefügt und unveränderlich scheint, das kann sich ändern«, gab Angela Merkel den Absolventinnen und Absolventen in Harvard einen persönlichen Rat mit. Sie meinte es bezogen auf ihre Biografie in der DDR. Es hätte aber auch eine Beschreibung der Politikerin Merkel in den Jahren nach der Einheit sei können. So agierte sie auch in der Politik. Sie ließ sich überraschen, erkannte früher als andere, wenn sich eine Tür öffnete, und ging hindurch. Sie war offen für Veränderungen und überraschte selbst.

Nicht laut und scheppernd, sondern ihrer Art nach. Es war schließlich kein Zufall, dass mit der Kanzlerin auch andere Frauen in der CDU an die Spitze rückten. Allen voran die Präsidentin der Europäischen Kommission Ursula von der Leyen. Bei ihrem Abgang als Verteidigungsministerin entstand ein Foto, das erahnen lässt, was alles in der CDU und generell in dieser Republik möglich wäre, wenn eine andere Art der Macht zukünftig beide Geschlechter auch strukturell paritätisch mit einbezieht (weswegen im Umkehrschluss so viele Männer eben auch genau davor Sorge haben).

Viele haben das Foto vor Augen, auf dem die Kanzlerin, die Kommissionspräsidentin Ursula von der Leyen und die auf sie folgende Verteidigungsministerin Annegret Kramp-Karrenbauer bei deren Vereidigung im Schloss Bellevue nebeneinandersitzen. Ich meine allerdings das Foto, auf dem Ursula von der Leyen und Annegret Kramp-Karrenbauer sich bei der Amtsübergabe vor den Soldatinnen und Soldaten anlächeln und kurz gegenseitig ihre Hände ergreifen. Eine Journalistin twitterte dazu: »Mit welcher Konsequenz dieses Bild die gängige Ästhetik von Macht unterläuft.«[15]

Türen bauen, nicht nur öffnen

»Konservativ heißt: Bewahren, was uns stark macht, und verändern, was uns hindert«, hat Angela Merkel in ihrer Abschiedsrede als Parteivorsitzende 2018 in Hamburg gesagt. Es ist die Aufgabe meiner Generation, diese neue Ästhetik der Macht zu wahren und zugleich die Hindernisse der Freiheit offensiv zu verändern.

Denn die parteiinterne Welt, der sich Angela Merkel zeit ihres politischen Lebens stellen musste, entspricht nicht (mehr) der Lebensrealität der meisten Menschen in unserem Land. Die Mehrheit der Gesellschaft – und erst recht der jüngeren Generationen, ruft auch in der Krise nicht nach dem »starken Mann«. Die Pandemie hat vielmehr das Gegenteil unterstrichen. In den systemrelevanten Berufen waren es überwiegend Frauen, die das Land am Laufen hielten. Ganz zu schweigen von der Doppelbelastung Homeschooling und Homeoffice.

Und zugleich zeigte das letzte Jahr: Wir sind an einem Punkt angekommen, an dem Contenance und Umsicht im überraschenden Moment der Krise nicht mehr ausreichen, um die notwendigen Veränderungen anzustoßen, sondern Vorsorge und planvolle Erneuerung.

Wenn die Welt im permanenten Wandel ist, lässt sich Freiheit auf Dauer nur verwirklichen, wenn man auch bereit ist, durch neue Türen nicht nur zu gehen, sondern im Zweifel auch neue Türen in Wände zu bauen, durch die man selbst und andere hindurchgehen können. Das hat nicht zuletzt im April 2021 das Bundesverfassungsgericht in Sachen Klimaschutz und der Freiheitsrechte junger Generationen unterstrichen. Und ich glaube zu wissen, dass Angela Merkel als Meisterin der hohen Kunst der Politik damit ganz einverstanden wäre.

»Now the door to a new life is opening.«[16] Alles Gute für Ihr neues Leben, Frau Bundeskanzlerin!